末 誌 | 思想家 |
　 A
　 DR

木材与文明

THE
AGE
OF
WOOD

Roland Ennos

[英] 罗兰·恩诺斯——著

王楚媛——译

一部树木塑造的人类史

天津出版传媒集团

天津人民出版社

图书在版编目（ＣＩＰ）数据

木材与文明：一部树木塑造的人类史 /（英）罗兰
·恩诺斯著；王楚媛译. -- 天津：天津人民出版社，
2023.1

书名原文：The Age of Wood: Our Most Useful
Material and the Construction of Civilization

ISBN 978-7-201-19095-2

Ⅰ.①木… Ⅱ.①罗… ②王… Ⅲ.①文化史—世界
—通俗读物 Ⅳ.①K103-49

中国版本图书馆CIP数据核字(2022)第239224号

著作权合同登记号 图字：02-2022-243号

木材与文明：一部树木塑造的人类史
MUCAI YU WENMING：YI BU SHUMU SUZAO DE RENLEI SHI

出　　版	天津人民出版社	
出 版 人	刘 庆	
地　　址	天津市和平区西康路 35 号康岳大厦	
邮政编码	300051	
邮购电话	022-23332469	
电子信箱	reader@tjrmcbs.com	

选题策划　联合天际
责任编辑　伍绍东
特约编辑　刘小旋
封面设计　王左左　徐诗怡
美术编辑　梁全新

制版印刷　三河市冀华印务有限公司
经　　销　新华书店
发　　行　未读（天津）文化传媒有限公司
开　　本　880 毫米 ×1230 毫米　1/32
印　　张　7.5
字　　数　180 千字
版次印次　2023 年 1 月第 1 版　2023 年 1 月第 1 次印刷
定　　价　68.00 元

关注未读好书

客服咨询

致我的良师——罗宾·伍顿

中文版寄语

我很高兴能将《木材与文明》介绍给中国的读者。虽然我来自英国的一个小乡村，但在这本书中我想展示出，在全球各地的人类故事中，从智人这一物种的进化到文明的出现和现代世界的创建，木材所发挥的关键作用。

世界上没有任何地方比中国更能体现木材的作用。2010年，我有幸到中国云南参加了一次蕨类植物的探索活动，游览了古老的森林和山脉，看到了城镇、村庄中的美丽木屋和大理古城内的壮丽木结构建筑。

与在世界其他地区一样，木材对中国人来说一直至关重要。例如，中国新石器时代聚落的房屋是用木头建造的，中国陕西西安半坡博物馆内重建的圆屋和方屋就可以体现这一点。但与西方不同的是，西方的建筑师后来使用石头作为主要建筑材料，而中国则保持了木结构建筑的传统。中国建筑师发明了独特的木结构，并用它们建造出了最宏伟的建筑：寺庙、宝塔和宫殿。这些建筑复杂而灵活的设计使诸如北京紫禁城这样的建筑群能够抵御数百年来的强烈地震，而那些地震早在很久以前就已把石头结构变成了瓦砾。

1000多年前，中国工程师还创造了一种特殊形式的木桥——虹桥。这种雄伟的拱形结构现存100多个，大多数都位于浙江和福建两省，横跨壮观的山间峡谷。如今，这类桥梁的优雅现代复制品遍布中国各地。中国人还创造了一种独特的木帆船，在英文里被称为"Junk"。明朝时期，郑和下西洋所率船队的船只就是木帆船，其中包括可能是有史以来最大的木制船只，传说中"长四十四丈"的"宝船"。

当然，今天大多数的大型结构，无论是建筑物、桥梁还是船只，都是由钢筋和混凝土制成的。尽管现代中国的发展速度飞快，但许多昔日的辉煌仍保留了下来。我希望这本书能帮助大家了解我们对木材这一最古老、最质朴但最重要的材料的亏欠；我希望它能激发大家去参观和保护古代遗址和木制寺庙的兴趣；我希望它能激励大家保护老森林、种植新森林，再次建立一个可以为我们所用且被珍视的木材的世界，并确保我们能够回归木器时代的美丽和优雅。

罗兰·恩诺思

目录

序言

船桅之路

许多年前，我和哥哥一起去法国境内的比利牛斯山徒步旅行。一路上非常艰苦，旅途后半段，我们蹒跚着穿过了一条堪称人类工程奇迹的险路，这条路可以说改变了人类的历史进程，塑造了现代世界。我们从山顶向下走，前往埃特索的村庄，沿途经过了高山草原和阿斯佩谷的针叶林。走着走着，原本宽阔易行的道路突然变了。随着河谷地势渐渐陡峭，这条路只能通过凿入近乎垂直的岩壁来维持水平。不久后，我们走上了一条狭窄的岩脊，距离地面将近 200 米，下方是"地狱峡谷"的树林和激流，每走一步都好像摇摇欲坠。走了大概 2000 米之后，河谷地势开阔起来，我们终于安稳地踩在了坚实的地面上，再次找回了安全感。直到那时，靠着道旁一个标示牌的提醒，我们才知道刚刚走过的是"船桅之路"。为什么要在无人之境建造这样一条壮观的路？"船桅"又是什么意思？

答案就藏在 18 世纪西方世界的两个新兴超级大国——英国和法国——的较量之中，而它也正好为木材帮助塑造人类历史提供了一个更引人注目的例证。当时，英法两国在加勒比海、北美的殖民地上争夺权力，随着它们各自海军的建立，一场军备竞赛拉开了序幕。双方都力图造出体积更大、吨位更重的军舰，可以充当百门加农炮的发射台，击垮其他船只和海岸防御。但是两个国家遇到了同样的难题，怎么得到足够的树来造船呢？问题不在于缺树。就法国来说，其境内就有大片森林，约占其国土面积的30%；问题在于缺乏足够高和直的树来制造高30米~36米的船桅。欧洲的大多数森林都由人工管理，长有参天大树的原始森林越来越难找到。法国人只能去比利牛斯山的荒野，那里还长着巨大的冷杉。工程师保罗－马利·勒罗伊想出了一个计划，他打算沿悬崖边开辟一条险路，用于前往难以到达的阿斯佩谷获取树木。这条路于1772年修完，被命名为"船桅之路"。很快，人们开始顺着这条路搬运木材，将其运往海边。法国的木材供应问题算是暂时得到了解决。

而在英国，船桅短缺问题更为严峻。英国的森林覆盖率不到10%，很久之前它的森林就开始由人工管理。英国国内的针叶林很少，没有足够高且直的树可以用来做船桅。早在16世纪，英国就不得不从波罗的海沿岸的国家获取船桅木。让英国头疼的是，它的北方竞争对手荷兰和瑞典的舰队总是威胁着要切断这条供给。高大的树木变得越发稀缺、昂贵。英国只好将目光投向美洲殖民地，那里的新英格兰地区还有古老的森林，里面生长着不计其数的东部白松，有的树最高能长到70米，直径达1.5米。从17世纪中期开始，这些树便成了英国海军的不二之选。海军部秘书塞缪尔·佩皮斯在他那本著名的日记中多次提到这一木材贸易。1666年12月3日，船队成功穿越荷兰的封锁，将船桅木运了出来，佩皮斯在日记中高兴地写道：

> 还有一个好消息，四艘英格兰船载着国王陛下的船桅木安全抵达法尔茅斯，这可真是上帝保佑的意外之喜，没有这些船桅木，明年战争必败。好在上帝庇佑，给我们送来了这些木材。

不幸的是，为了确保船桅木的供给，英国政府犯了一系列政策性的错误，造成了灾难性的后果。英国军方很难在公开市场买到所需的木材，因为殖民地居民喜欢把树锯断后再出售。毕竟，考虑到船桅木的巨大尺寸，比起拖着笨重的整棵树前往数千米外的通航河，锯断后再搬运是一种更轻松的处理方法。英国人本可以买下大片森林并自己管理，但在 1691 年，他们实施了所谓的"国王宽箭政策"：凡是直径达到 24 英寸①的白松，只要上面有斧子刻出的三角朝上箭头标记，就被视为国王的财产，禁止私自砍伐。可惜的是，英方很快发现这个政策极不受欢迎，并且完全无法执行。殖民地居民继续砍伐巨大的树木，然后把它们锯成 23 英寸宽或者更短的木块，以销毁证据。事实上，作为独立精神的标志，宽板材变得特别受欢迎。对于居民的不配合，英方采取了进一步的措施，他们改写了保护法案，禁止砍伐直径超过 12 英寸的白松。然而因为根据法案规定，只有那些不在"任何乡镇及其边界线内"生长的树才受到保护，所以新罕布什尔州和马萨诸塞州的居民立马重新调整边界，以至于这两个州几乎完全被划分成了乡镇区。还有许多殖民地居民直接无视法案，借口说对此全然不知；或者由于那些有标记的树更值钱，专门挑带标记的树砍。皇家木材测绘局局长和他手下的几个人需要管理几万平方千米的土地，他们对居民的砍伐行为几乎束手无策，地方政府也不愿意推行不受欢迎的法律。1772 年，"船桅之路"完工，一场危机随之爆发，史称"松树暴乱"。

暴乱的起因是，新罕布什尔州威尔镇锯木厂厂主埃比尼泽·穆吉特拒绝为砍伐白松支付罚款。希尔斯伯勒县治安官本杰明·怀廷和他的副手约翰·奎格利带着逮捕令前往威尔镇缉拿穆吉特。但在他们动

---

① 1 英寸 =2.54 厘米。——编者注

手之前，穆吉特就带领三四十人突袭了他们住的松树客栈。这些暴民用煤灰把脸涂黑，拿树鞭狠狠地抽了这个治安官一顿。他们切掉了怀廷和奎格利的马的耳朵，还剪掉了马的鬃毛和尾巴，逼着这两个人在居民的嘲笑声中骑马离开小镇。后来，有 8 名暴乱者遭到处分，每人罚款 20 先令，这轻飘飘的惩罚标志着英国权力的式微。

暴乱的消息传遍了新英格兰，成了更著名的 1773 年 12 月"波士顿倾茶"事件的导火索。松树旗甚至变成了反抗英国殖民统治的象征，在后来的美国独立战争中成为革命者使用的旗帜之一（由乔治·华盛顿的秘书约瑟夫·里德上校设计），飘扬在殖民地军舰的船桅顶端。

美国独立战争的爆发切断了英国皇家海军在新英格兰地区的船桅木供给。英军被迫采用产自波罗的海地区的较小的树，有时还得用铁圈把几根木头固定在一起用来当船桅。这种解决办法实际也并不怎么令人满意，许多军舰因船桅损坏，在战争的大部分时间里都无法投入使用。雪上加霜的是，法国人趁机站在了殖民地反叛军的一边，当地居民开始将松树卖给法国人。法军在几场重要的海战中大胜英军，比如 1779 年的格林纳达之战，便是英军自 1690 年比奇角海战以来输得最惨的一次。在镇压殖民地暴乱方面，英国表现得优柔寡断。没有了英国海军的压制，美国逐渐占领上风，1783 年英美达成停战协议，英国承认美国独立，未来的超级强国自此诞生。如果英国当时改从加拿大、新西兰等领地获取船桅木，或许很快能恢复海军的元气，但机不可失，时不再来。就是这样，这条在比利牛斯山悬崖上开凿出的小路，让我们得以窥见地缘政治的风起云涌。

令人惊讶的是，"船桅危机"在历史上如此重要，却并不为众人所知。就连英国小学生都会在课堂上学到"波士顿倾茶事件"，而

"松树暴乱"却很少被提及。无论是史前还是有历史记载的时期，关于人类进化的描述总是忽略木材起到的重要作用，松树并非个例。每当谈起石器的发展，人类学家便滔滔不绝，盛赞人类打磨石器的智力和技能，而对真正帮助早期人类获得食物的木棍、长矛和弓箭，他们却置之不理；用木柴生火让现代人类得以烹饪、冶炼，考古学家对此却不以为意；新的金属工具优化了木材加工，进而推动了轮胎和木板船的突破性发展，技术专家对此却置若罔闻；中世纪教堂使用木材搭建屋顶、乡村房屋用木材隔热、城市基建更是处处有木材的身影，建筑史学家对此却熟视无睹。

5 年前艰难地走在"船桅之路"上时，我同样没意识到木材是多么重要。我了解木材的解剖构造和力学性能，也懂一些木材的结构用途。然而直到我转去研究植物根系的锚固机制，并在研究院有了一个稳定的职位后，我才开始进一步了解木材。从事学术研究的一大好处（或者说曾经的好处）就是你能在研究、教学、与同事在茶室交流时找到丰富的话题（但现在因为疫情都见不到面了）。我在指导各种各样的学生项目时，对生物力学有了更多的认识。我鼓励年轻聪明的学生去钻研人体力学设计、木材与树木的力学，以及城市森林带来的益处等题目。我写了一本关于树的书，我开始更深入地了解木材的应用，研究人类与树的关系。教学工作不仅让我进一步思考我们的"近亲"猿类与树之间的联系，还让我接触到了许多激动人心的新研究，这些研究揭示了猿类是如何制作并使用各种木制工具的。我也很幸运地参与了一个研究猿类如何在树冠间穿行建巢的项目。我开始思考，早期人类是怎样制作有效的木材加工工具、怎样打磨长矛和斧柄的。

学术上的探索动力源自孩提时代的快乐回忆。小时候，我参观过各种与木材相关的景点。在地方考古博物馆，我看过一排排码好的斧头和早期人类生活的复原景观；我去过斯堪的纳维亚半岛的生态博物馆，那里全是木制的农舍、水磨、风车和教堂；我还去看过维京长船、哥特式教堂的房顶、中世纪的谷仓和城堡，以及帕拉第奥式的乡村民居。我越发清晰地认识到，木材在历史中发挥了举足轻重的作用，它让人类进化和文化发展绵延不绝。从穿梭林间的猿类到投掷长矛的狩猎采集者，从挥舞利斧的农民到铺盖屋顶的木匠，最后再到伏案翻书的学者，木材的身影无处不在。了解了木材的特性和树木的生长后，我开始研究为什么会出现这种情况。人类与木材关系的基础就蕴藏在木材的非凡特性中。作为全能型的结构材料，木材简直无与伦比。它的重量虽然比水轻，却像钢铁一样坚硬、牢固，能经受拉伸和压缩。顺着纹路可以轻易把木头塑造成各种形状，刚砍下来的木头足够柔软，非常适合雕刻。经过切割的木材，大的可以做房屋承重柱，小的可以做牙签之类的小物件。在稳定的湿度下，木头可以留存数千年不坏。人类靠燃烧木柴取暖、做饭、推动工业发展。拥有众多优点的木材对人类发展的影响难以用语言描述，简直无可替代。

所以，是时候重新评估木材的地位了。基于人类与"万能"木材的关系，本书重新诠释了人类的进化和历史。我希望证明的是，用这种以木材为中心的全新角度去看待世界（在学术上，这被称为"木质中心"），能够帮助我们更清楚地想明白我们是谁、来自哪里、将前往何方。

最重要的是，我想要鼓励读者不再受固有观念的束缚，换一种方式看世界。传统观点认为，人类历史是由人类与石器、青铜器和铁器的关系定义的，木材不过是遥远过去留下的遗物。本书反驳了这种说法。我希望让大家知道，在漫长的岁月里，我们一直生活在一个由"万能"木材主宰的时代，即使到今天，木材也仍在许多方面影响着人类。为了保护环境和我们自己的身心健康，人类需要回归木器时代。

第一部分

木材与人类进化

第1章

树栖生活的遗产

在西方世界，我们倾向于远离大自然，视自己为与其他动物完全不同的高等生物。蹄类动物如绵羊、山羊、骆驼和马，食肉动物如狗和猫，啮齿动物如老鼠，所有这些哺乳动物都是四条腿走路，它们的四肢末端都长有蹄子或爪子，也无怪乎《圣经》撰写者会强调人类是独一无二的。但在热带国家，情况截然不同。那里的人类与猴类、猿类生活在一起，强调人类与灵长目的相似性及人与自然的延续性。例如，原始灵长目西非婴猴常被称为"丛林婴儿"；在马来语里，猩猩的字面意思是"森林中的人"。各个地域里还有以猴类和猿类为原型的神，比如中国的美猴王孙悟空、印度的猴神哈奴曼、古埃及的狒狒神巴比。人与动物界限最模糊的地方在加里曼丹岛（旧称婆罗洲），当地的达雅族流传着这样一个传说：只要猩猩愿意，它们是会说话的，但为了不被人类强迫劳作，它们宁愿保持沉默。果然，猩猩是有大智慧的！

灵长目和其他哺乳动物最大的差别是前者更适应树上的生活。即使如今的人类已经离开了森林，但在许多方面，人类与其他灵长目仍然非常相似，这是因为我们保留了大部分的树栖适应性。我们的亲缘物种生活在树冠间，在一个由木头构成的世界里，它们的身体和大脑不断进化，正是得益于此，我们人类才能提前适应地面生活，这实在是令人惊叹。

6000多万年前恐龙灭绝，热带雨林应运而生，第一批灵长目——体型小巧、长得像鼩鼱的哺乳动物——迁徙至此，进化随之而来。灵长目的大部分身体变化发生在其进化的最初1000万年左右。我们之所以知道这些，就是因为人类和婴猴共有的树栖适应性，那些可爱至极的生物简直就像是毛茸茸的迷你版人类。虽然婴猴在诸多方面都和人很相似，但它们只是我们的远亲。根据化石证据和DNA分析，它们的血统大约在5000万年前就与我们的分离了。不过在很多关键衍生特征上，我们依然很像，比如朝向前方的双眼视觉、直立的身体姿态、为了方便移动而分化的前肢后肢、用于抓握的臂膀和双手、指/趾尖长有肉垫和指甲（不是爪子）。我们常常以为这些特征都是人类为了适应地面生活进化出来的，但其实最开始是为了让灵长目适应树上的生活。

仔细想想，在树上居住是很难的。树木有着复杂的分支结构，垂直的树干逐渐分叉成树枝，枝条越往末端越纤细，越趋向水平，最后变成树木的营养器官——叶子。双眼视觉帮助灵长目判断距离，从而在树冠间更加快速安全地移动；直立的身体和抓握有力的手臂让它们能抓牢树干上攀下爬；至于进化后的手和手指，得在树冠末端的细枝间活动时才会发挥作用。

如今的松鼠、树鼩和啄木鸟都长着利爪，能牢牢抓紧树干和粗枝，但碰到细一点的枝条，这些爪子就没那么好使了。因此，这些动物想上到长满树叶和果实的树冠末端就比较困难。为了克服这一困难，早期的灵长目进化出了一系列重要特征，如善于抓握的双手（有些是双脚）、长有纹路的柔软指/趾垫、肉垫后端由爪子变成了指甲等，这些特征遗传给了它们的后代，对后来我们在制造工具方面取得的成功起到了关键作用。

鲜有科学家思考过为什么手的末端是手指，为什么我们会有柔软的指腹。物理学告诉我们，表面越硬、越粗糙，抓力越大，因为物体表面的凸起部分会相互锁定在一起。不过，如果你想抓紧的东西表面非常光滑，这条定理就不起作用了，譬如在光滑的石面上穿钉鞋也容易滑倒。抓紧光滑物体的诀窍非常反常识：用于抓握的表面不能像爪子那么粗糙，而要像皮肤一样柔软。柔软的表面与其他物体接触时会变形，接触面积变大，接触面之间的原子作用力也会变大，摩擦力也就变强了。材质越柔软，变形越大，接触面就越大。

想要提高抓握力，我们可以在指腹上覆盖一层生物橡胶，比如弹性蛋白，但这层覆盖物可能很快就会被磨损掉。为了解决这一问题，灵长目进化出来的生理特征令人拍案叫绝：它们的指腹里有柔软的流体，包裹在其周围的是质地稍硬的黏膜，这种构造很像放了一部分气的汽车轮胎。内层含脂肪的指尖易变形，所以我们在用相对粗糙的手指拿东西时，手和物体之间的接触面积会变大。当你拿起一个玻璃酒杯，从侧面观察手指和杯身的接触情况时，你就能发现这种手部构造有多么精妙。在抓握玻璃这类光滑硬物时，这种构造提供的抓握力比蹄爪强上 10 倍。这也就解释了为什么人类能稳稳地站在光滑的混凝土或瓷砖地上，而在同样材质地面的马厩里，马儿就容易脚下打滑，这也同样解释了，为什么受惊的小狗在厨房里一顿乱扒乱蹬却跑不出去。

我们的指腹和手掌还有另一个特征：表面有形状像山脊一样的指纹。抓握玻璃之类的东西时，由于指纹会减少手和物体之间的接触面积，所以抓握力会减弱。这一原理和赛车很像，在干燥的环境下赛车，沟槽胎的抓地力要比光头胎差。不过，指纹还是有很多好处的。

在潮湿的环境下，指纹能增加抓握力，因为物体表面的水分会顺着指纹流走；在拿树枝之类表面粗糙的物体时，指纹和树皮接触能产生更大的摩擦力。此外，指尖处有触觉感受器，指纹可以增大应变，提高手指的敏感度。最后，在抓紧某件物品时，纹路的凸起和凹槽部分交替变换形状，抓力大时也不会轻易起水疱。这种纹路对提高抓握力非常有用，所以还有其他动物也进化出了类似的生理特征。比如澳大利亚考拉的指／趾垫上也长着纹路，新世界猴用来缠绕树枝的尾巴上也有布满纹路的肉垫。

有了指／趾垫，灵长目能很好地抓住不同粗细的树枝，因此也就不再需要爪子了。利爪逐渐变成了平整的指甲，充当指／趾垫的坚硬后盾，就像是车胎的轮辋。指甲可以帮我们捡东西、摆弄体积较小的物品，其末端还可以作为刮、抓、抠小物体的工具。

5000万年前，灵长目就完成了能帮助它们更好地在地面生活的身体上的各种进化。不过早期灵长目和现今人类的差异仍是巨大的，它们身材娇小，体重不足0.5千克。如今的猴类体重普遍在1千克～15千克之间，而人类和猿类的体重则在40千克～120千克之间。此外，早期的灵长目并不聪明。婴猴的大脑仅比其他同体积哺乳动物的大脑大一点点，只有47%的部分是新皮质，新皮质是大脑半球表面的灰质，与高层次思维息息相关。与刺猬之类的食虫目相比，婴猴47%的新皮质算高的，因为刺猬仅有18%左右。但和其他灵长目相比，47%又有点低。猕猴的百分比是70%，黑猩猩是76%，我们人类是80%。我们开始清楚地发现，体型、新皮质占比和智力实际上是相互关联的——数值越大，灵长目越聪明，这三个特征的变化与灵长目的树栖生活方式有关。

灵长目动物学家发现，猴类在进化过程中体型变大的原因在于它们的饮食习惯发生了变化。婴猴和其近亲懒猴都以虫子为食。它们靠吃昆虫和其他无脊椎动物果腹，这些小虫子既难找又难抓。昆虫能为婴猴提供足够的能量，但对体型更大的生物而言，它们不擅长抓虫子（也不爱吃），而且由于身形更大，这一抓捕活动会耗费更多的能量。大型的食虫猴类光吃虫子是无法满足身体能量消耗的，但树冠上还有其他东西可以填饱肚子，这些猴子可以选择当素食主义者——吃树叶和果子。靠吃这两类食物，现代猴类进化出了完全不同的身体特征，拥有了不同的智慧。

雨林里的树四季常青，树叶非常充足且极易找到，但就是不太好吃。树叶主要由纤维素构成，不好消化，细胞内几乎没有糖分。不过换个角度理解，树也想保护自己的营养器官，使其免遭食草动物的毒口。树叶长大后，叶脉所含的纤维素和木质素会增加，叶子会变得更难嚼烂，这可以起到保护细胞内物质的作用。面对这一防御策略，食草动物通常选择吃树梢末端还在发育的嫩叶。作为反击，植物的嫩叶里充满了有毒物质，比如常见的鞣酸和酚类化合物，这类物质会让叶子变苦，让食用者肠道里的消化酶沉淀。所以食叶灵长目一次会吃大量嫩叶，然后花好几天在胃内分解有毒物质、消化叶子，这种进食方式限制了它们的能量摄入。食叶猴类一般个头较大，肚子也大，代谢慢且不聪明。因为它们无法摄入足够供大脑发育的能量，不过既然食物随处可见，也就没必要长一颗聪明的脑袋。加里曼丹岛的长鼻猴是典型的食叶猴。这些长相怪异的生物常常三五成群地四处游荡，每个小群体由一只雄猴作为首领，雄猴的鼻子格外长，这也是为什么人们称它们为长鼻猴。长鼻猴的鼻子呈粉色，腹股沟处长有内裤一样的标记，腹部高高隆起。这些外貌特征很容易让印度尼西亚人想起西方殖民者，所以印度尼西亚语里称长鼻猴为"Orang Belanda"，意思是

"荷兰人"。

一些灵长目不吃叶子改吃植物果实，体型也变得越来越大，因为雨林里的水果非常丰富，能提供满满的能量。以果实为主的饮食习惯同样深刻改变了这些灵长目的大脑。水果作为食物，优点众多。植物结出果实是对动物的一种回报，动物将含有种子的果实吞入腹中，通过排便将种子散播到各处。因为熟透的果实又甜又软，所以动物咀嚼消化起来会更容易。为了吸引动物来吃，成熟的果实不仅颜色会发生变化，还会散发出迷人的香气。但以水果为食也比较麻烦。由于热带雨林树木品种繁多，分散在各个地方，再加上没有季节变化，所以这些树的结果时间并不确定，挂果的树又少又难找。灵长目不仅得找到成熟的果实，还得记住长果实的树在森林的哪个位置，还要能预测大概什么时候会挂果，这样就能在果实被其他动物吃掉之前将其吞入腹中。

因此，以水果为食的动物需要在脑内处理大量信息，从时间和空间上认识世界。根据野外调研和实验，食果灵长目能记住大量果树的位置，还能精准地计算路线，以最快、最省力的方式前往下一棵成熟的果树。难怪食果的猕猴和蜘蛛猴的大脑比食叶的叶猴和吼猴大25%。更大的脑部让食果灵长目有了更复杂的社会行为，团体凝聚力也更强。比如卷尾猴，它们甚至会制造和使用简单的工具，会用石头当斧子敲开坚果和贝类。

尽管猴类的智力水平有所发展，但如果将它们的智力与我们的近亲猿类的相比，那就是相形见绌了。红毛猩猩、大猩猩、黑猩猩和倭黑猩猩等猿类的大脑占体重的比值是猴类的两倍。大多数灵长目动物学家认为猿类进化出更大的大脑是为了与同伴交流和操控同伴。而且它们确实在群体内表现出了复杂的社会行为。它们似乎有同理心和自我意象，照镜子时能一定程度上意识到自己的存在。但这种"社会假说"也无法解释为什么变得如此聪明的是猿类，而非猴类或其他陆生哺乳动物。同样，这种假设也无法解释为什么很少与同类碰面的红毛猩猩智力那么高。似乎还有其他因素在发挥作用，使猿类从一开始就更加聪明，这些因素让群体中的部分成员发展出了高度的社会性。

很多年前，我作为一名年轻学者访问加里曼丹岛的沙巴州时，第一次开始思考猿类智力进化的问题，但当时研究的问题和猿类没什么关系，主要研究的是在热带雨林树木的树干和根部之间为什么会长出巨大的板根。我当时所在的研究中心同时也是一些年轻英国研究生的研究基地，他们研究的课题是——拥有更高智力的红毛猩猩将其聪明才智用在哪些地方？他们当时正验证假设：猿类之所以需要更高的智力，是为了预测森林中果树的位置以及果实成熟的时间。

我当时并不认同这一说法。该假设已经被用来解释为什么食果猴类比食叶猴类更聪明，可它无法解释为什么红毛猩猩和食果的猕猴居住在同一片森林且具有类似饮食结构，但红毛猩猩的智力要更高。我思考这一问题的视角不太一样，我是从生物力学的角度出发，即从动植物工程学的维度看待这一问题的。除了猴类有尾巴而猿类没有外，这两类动物生理上最明显的区别便是体型。所有猿类的身形和体重都要比猴类大。当然，身形体重并非影响智力的直接因素，毕竟老虎不比野猫聪明，世界上最大的啮齿动物水豚也不比老鼠聪明多少。然而关键的区别在于这些灵长目居住的地方——树冠。比起身材小巧的动物，体型越大的动物在树冠间活动越困难，在树冠之间移动更是如此。它们会把树枝压弯，甚至可能压垮。同小型动物相比，从树上摔下来会给大型动物造成更大的身体伤害。正如著名进化生物学家约翰·伯顿·桑德森·霍尔丹曾在他的论文《身形相适》中写道：

一只小鼠掉进 900 多米深的矿井，只要井底够软，受惊的小鼠仍能毫发无损地正常活动。但同等情况下，身形更大的家鼠会摔死，人类会摔得四肢断裂，马则直接粉身碎骨。

一只红毛猩猩如果从树上摔下来会直接丧命，而换作猴子可能几乎不会受伤。那时我突然灵光一闪，得到了答案。早期猿类进化出更高的智力，是为了帮助它们在危险的树栖环境中辨认方位，更好地规划林间活动的路线。为了生存，它们还要有自我意象，得能意识到自己的重量会对外界造成影响，会压弯支撑自己的树枝。换言之，猿类的智力发展有赖于物质基础（不是社会基础），需要感知树木的力学性能。我当时还把我的想法写成了一篇论文，但毫无意外地被期刊拒绝了。毕竟，我不是灵长目动物学家，之前也没来过雨林，更没有猿类实际行为的数据。我只是一个根据经验做出推断的门外汉。于是我回到了自己本来应该研究的课题——树和其他植物的锚固现象。

很多年后，令我既惊讶又开心的是，这一想法经过丹尼尔·波维内利和约翰·坎特的验证，真的成了研究猿类智力的理论——"攀爬假说"（clambering hypothesis）。这两位美国灵长目动物学家研究的也是红毛猩猩，并花了大量时间在野外观察这种神奇的生物。两位学者发现，红毛猩猩在相邻的两棵树间移动时非常谨慎。它们行动缓慢而慎重，手脚并用，一次性抓住好几根树枝。正如我和两位学者推断的，猿类或许已经有了自我意象，所以它们才能在树冠间安全地移动。自 1995 年两位学者发表论文以来，其他实地研究人员找到了更多的证据，证明了以红毛猩猩为代表的猿类对树木力学有非常高的理解力。

伯明翰大学的苏珊娜·索普多年来致力于研究苏门答腊猩猩的运

动能力，她发现这些猩猩在不同直径树枝上的运动方式不一样。在坚固的粗枝上，它们会用四肢走路，或者抓着树枝荡来荡去。而在直径小于 4 厘米的树枝上，它们会同时抓住好几根树枝，让身体与地面平行，慢慢攀爬，或者用前肢抓树枝，后肢直立行走。在这些情境下，苏门答腊猩猩把体重分散到不同的树枝上，让移动更加安全。有时，它们甚至能利用树干的柔韧性帮助自己移动。它们会先爬到树冠高处，有节奏地前后摆动身体让树干摇晃，然后趁机够到邻近的另一棵树上。

对树木力学的了解让猿类拥有另一种优势：它们能用树枝筑造让自己安然入睡的巢。所有的猿类都善于在树冠间建造复杂的杯状巢穴，这样的巢穴带来了意想不到的好处和新的机会。（不过巨型雄性银背大猩猩是个例外，它们更喜欢睡在地上。）

猿类睡在宽敞的杯状树巢中会更加安全，睡眠时间更长，睡得也更沉。猴类睡在树冠高处的树枝上，可以躲避豹子等地面捕食者的袭击，但睡在高处既不安稳也不舒服。它们的臀部皮肤很厚，适合久坐，所以一般会找根粗枝坐下打盹。可即便这样，一个晚上也会醒来很多次。

多伦多大学的大卫·桑姆逊和他的同事比较了睡梦中的猿类和猴类的神经活动，他们发现猿类的非快速动眼（NREM）睡眠和快速动眼（REM）睡眠的频率更高，这两种类型的睡眠对整理和巩固记忆非常重要，会影响认知能力的发展。所以说，筑巢有助于猿类变得更聪明。

筑巢看起来很容易，灵长目动物学家也没在这方面关注太多。但筑巢可不仅仅是折几根树枝然后编在一起那么简单。所有园艺师都知道，要想把树枝从树上折下来，直接掰是行不通的，参加过童子军的我，曾为了生火到处找木头，对这一点也深有体会。这倒不是因为树枝太硬了，而是木材的结构会影响它的断裂方式。

木头是一种复杂的材料，其断裂方式主要是由细胞的宏观排列决定的。构成树干、树枝的大多数细胞都是纵向排列，纤长的管胞使木材强韧，阔叶树中的宽大导管可以输送水分。木材中还有射线细胞，这些细胞呈纺锤形射线状，从髓心贯穿至树皮，在这个方向上增强树干的硬度，让年轮连接更紧密，防止树干裂开。

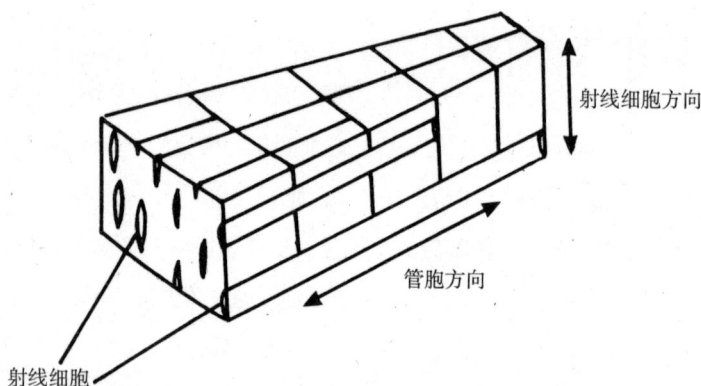

针叶树的树干结构。管胞沿着树干纵向排列，射线细胞贯穿年轮，从树干中心指向树皮方向。

这一复杂的结构使木材在不同方向呈现不同的力学特性。木材很难横向断裂，因为这意味着要破坏管胞壁；而沿着纹理则很容易让其开裂，因为这只涉及将管胞彼此分开并弄断若干射线细胞。沿径向劈开木头非常容易就是因为断裂发生在射线细胞间。成熟树木的纵向强度是横向强度的 8~10 倍，大多数木材的纵向强度也比横向强度高 20%~50%。这种力学结构与木材在自然环境中需要承受的外力相匹配。木材纵向上的高强度和高刚度使其能够承受在重力和风的作用下产生的弯曲力。纵向排列的纤维可以承受住树枝弯曲时在纵向上产生的张力和压力。

这种结构也让人很难把树枝折断。当你把一根新鲜树枝掰弯时，其实相当于是在凸面拉伸木材、在凹面压缩木材。在张力的作用下，树枝首先会出现裂缝，然后会像胡萝卜或芹菜茎那样裂开，但不会完全断掉。当裂缝到达树枝中心时将改变方向，它会沿着脆弱的中心线在管胞和射线细胞间上下移动。尽管你使了很大的劲，树枝还是会纵向断开一半，另一半仍连在一起。这个现象和小朋友骨折很相似，医学上称其为"青枝骨折"。巧合的是，这类骨折常常是小孩贪玩从树上摔下来所致。

我的博士生亚当·范·卡斯特伦曾前往印尼苏门答腊岛，研究红毛猩猩是如何利用树木的柔韧性在林间移动的。我给他布置了一项任务，要他调查一下红毛猩猩筑巢时是怎么克服"青枝断裂"问题的。在印尼亚齐特区，亚当白天追踪这些红毛猩猩，晚上观察它们筑巢，次日早晨再爬到树上检查巢穴，并对其结构做力学测试。亚当发

掰树枝时，树枝是怎么断开的？裂缝会顺着树枝纵向生长的方向延伸，半连半断，这一现象叫作"青枝断裂"。

现，红毛猩猩会找一根结实的水平树枝来休息，然后围绕着这个支撑物筑巢（苏珊娜·索普的博士生茱莉亚·迈亚特拍摄的红毛猩猩筑巢影像可以做证）。首先，它会俯身向前，用一只手把粗大的树枝拉向自己，折成半断半连（"青枝断裂"）的样子后向内绞接，最后将树枝都编在一起。这种椭圆形的杯状树巢长约 1.2 米、宽约 0.8 米。基本框架搭好后，红毛猩猩会坐在巢中间，伸手抓一些细枝，用两只手握住，先把它们折至半断半连，再像拧麻花一样拧至彻底断开。然后，它会用断枝（包括细枝和树叶）填满巢穴，在自己身后和周围做床垫和枕头，最后在膝头做一床毯子。整个过程非常快。在茱莉亚的视频中，雄性红毛猩猩只花了 5 分钟就筑完了巢，中间还停下来休息了 2 分多钟。不过，这是成年猩猩的耗时情况。幼年猩猩想建一个完美的树巢，得先花上几年时间观察母亲的操作和自主练习。关于树木的力学原理，红毛猩猩有丰富的工作知识和出众的感知能力。

鉴于猿类拥有高超的筑巢技能，它们能够制作和使用简单的木制工具也就不奇怪了。不过灵长目动物学家对这两项能力的关联性尚存疑问，这可能是因为他们太过依赖严格的定义。灵长目动物学家把工具定义为：用于某种特定功能的脱离环境的手持物品。按照这一定义，树巢虽然需要同等技能才能筑造，但显然不算工具。不管原因为何，这样的界定都是令人遗憾的，因为这意味着直到现在，灵长目动物学家都还没意识到筑巢行为对制造工具技能进化的重要性。

同其他猿类相比，红毛猩猩在野外制作的工具极少。人们经常看到它们折断细枝，将其插进洞里找白蚁。瑞士苏黎世大学的卡雷尔·范·沙伊克在苏门答腊岛的苏克沼泽森林中发现了分布密集的红毛猩猩种群，它们使用两种不同的木制工具：一种用来提取空心树里的蜂蜜，一种用来撬开带有硬壳的植物果实，获取其营养丰富的籽。

范·沙伊克甚至发现这些红毛猩猩会随着季节变化改变工具的设计，比如说，如果果实成熟后外壳裂开，它们就会改用更宽的棍子。其他种群的红毛猩猩没这么创新，可能是因为缺少激励和机会。它们食用常吃的果实时不需要用到工具，而且由于常常形单影只，几乎没有发展工具创造文化的机会。但那些圈养的红毛猩猩的动手能力强到让研究人员头痛。它们可以轻松地拆开科研设备，从设计精巧的笼子里逃走。

在野外，黑猩猩是最熟练和最有创意的木制工具使用者。和红毛猩猩一样，许多黑猩猩会制作鱼竿一样的木棍来钓白蚁，并且它们用的木棍还分为两种：粗的木棍用来戳洞，尖端打磨过的细木棍用来把白蚁从洞里钩出来。在加蓬国，爱吃蜂蜜的黑猩猩手段更高超。德国莱比锡有一个马克斯·普朗克进化人类学研究所，该研究所的学者克里斯托夫·伯施发现，黑猩猩会制作并随身携带一整套木头工具，用来打开蜂巢抢夺蜂蜜：纤细的穿孔器用来探寻巢穴位置，钝重的敲击器用来捣烂蜂巢内部，杠杆状的扩大器用来扩大孔洞、进入不同的腔室，末端打磨过的收集器用来伸进蜂蜜里，细长树皮条做成的拭子用来舀出蜂蜜。

在极端环境下，黑猩猩制作的工具尤具创新性，这很容易让人想起现代采集狩猎者使用的工具。在东非的坦桑尼亚，草原黑猩猩制作并使用约半米长的挖掘棍，在雨季时将其插入泥土中挖掘植物块茎。塞内加尔的草原黑猩猩展现了更强大的类似人类的能力。得克萨斯州立大学的吉尔·普鲁茨观察到雌性黑猩猩会制作并使用长矛。它们折下 0.5 米 ~1 米的树枝，把叶子全部摘掉，然后用牙齿把树枝末端磨得尖尖的。它们用这些工具探查空心树干，驱赶、刺插婴猴，给自己的素食食谱添点荤。

自从与猴类演化分离后，猿类的心智能力有了长足的进步，这使它们能利用居住地树枝的柔韧性和脆弱性来建造复杂的树巢，制作出在许多方面比早期人类使用的石器更精巧复杂的木制工具。约在500万~700万年前，人类的祖先在演化上与黑猩猩、倭黑猩猩这一支分离，他们很有可能也具备这些技能，如果他们选了木头作为材料，那准是建筑家和工匠。

虽然我们和猿类很相似，但有一项能力为人类所独有，那就是双腿直立行走。在电视短片里，倭黑猩猩走在齐腰深的水里，姿势看起来奇怪又难受。大多数猿类只能在短距离内双足行走，过一会儿就会换成弯腰屈腿的前倾蹲姿。在空地上，黑猩猩和倭黑猩猩更喜欢四肢着地，而且它们是用手指关节而非手掌接触地面，即所谓的"指背行走"。令人惊讶的是，能像人类一样双腿直立行走的猿类是大部分时间生活在树上的红毛猩猩。

有证据表明，双足行走的进化并不是发生在地面上，也并非如传统观点所说，经过了"指背行走"这一中间阶段。苏珊娜·索普和利物浦大学的罗宾·克朗普顿提出了另一种假说，他们认为，我们的祖先在树上生活时就进化出了双足行走的能力，这一假说得到了学界的支持。此外，在能够双足行走后，我们的祖先并没有立即大步进入平原，而是留在了树木繁茂的地区，很长一段时间都在树冠间生活。

这一假说的相关证据大多来自针对现存猿类的研究，尤其是苏珊娜·索普对红毛猩猩在树冠间移动方式的调研，对该假说的论证格外重要。我们已经观测到，红毛猩猩经常沿着树枝双腿直立行走，走的时候还会抓紧高处的树枝，这种做法是为了把自身重量分散到多个地方，让行动更加安全。同时，这也可以让它们利用树枝弹簧般的柔韧性。当红毛猩猩把脚踩在树枝上时，树枝会被压弯，迈出下一步时，树枝复原产生的回弹力可以让它们走得更省力。它们就像在树枝间借力弹跳行进，几乎不费力气，如同人类玩蹦床一样。亚当·范·卡斯特伦通过研究树枝的力学特性来验证"树栖双足假说"，并观察红毛猩猩是否确实能够利用树枝的柔韧性来辅助它们更高效地行走。他测量了大量不同长度树枝的硬度，并测试了如果有一只红毛猩猩站在上面，它们回弹的速度有多快。树枝的力学特性很复杂，但亚当发现，树枝的粗细能直接影响硬度。红毛猩猩只需看一下树枝有多粗就可以判断其硬度。树枝变形回弹的速度很快，可以为猩猩在树枝上行走提供能量。亚当甚至还拍下了一些红毛猩猩沿着树枝蹦蹦跳跳的场景，类似的场景，苏珊娜·索普更容易在英格兰的切斯特动物园（那里圈养了很多红毛猩猩）复制，比如拍摄它们在特制横梁上行走的画面。

苏珊娜和她的研究助理山姆·考沃德也发现抓住树枝可以帮助猿类克服双足行走的另一个主要难题——保持平衡。这一次，她们将人类作为调研对象。参与实验的人们需要在一块跳板上保持平衡，他们的周围会有树木在风中轻轻摆动的投影。第一阶段的实验中，会有一根有弹性的杆子提供给受试者，用来模拟猩猩抓握的树枝；第二阶段的实验则没有杆子。实验过程会被录下来。受试者在跳板上行走时，研究人员会观测他们大腿肌肉的神经元活动。实验发现，由于踩在弹性跳板上，人们的大腿肌肉需要更用力才能让身体保持平衡，有了杆子可抓握后，轻松了近1/3。这说明，杆子能帮助人们更好地保持平衡。

因此，在树上直立行走有着明显的好处。有化石证据表明，我们祖先的下肢确实有了缓慢的变化来直立行走，尽管他们身体的其他部位仍以适应树栖生活为主。例如，图根原人生活在约600万年前，是最早的人类之一，其股骨头像现代人一样向内弯曲，这表明它们能够双足行走。然而为了能抓紧树枝，图根原人的手指和脚趾是向内弯曲的。拉密达猿人生活在 440 万年前，它们的髋骨和腿骨能更好地适应双足行走，但大脚趾还是像猿类一样与其他 4 个脚趾分得很开，所以它们也能双足行走、爬树攀枝。最近，德国的一项研究发现，这种在树冠间直立行走的能力可能在更早之前就进化出来了。1200 万年前的多瑙韦斯古根莫斯猿的下肢与拉密达猿人的很相似，说明直立行走或许在猿类中发生了反复进化。

我们的祖先还生活在树冠间时，就进化出了在地面生活所需的生理和心理特征。但正如我们前面所讲，迈向地面的旅程尚未完成。在接下来的一章中，我们将看到猿类如何利用与树木之间的关系，走下枝头，脚踏实地，成为真正的人类。

第2章

从枝头到地面

2016年，一个发现震惊了人类学界——大名鼎鼎的"露西"是从树上掉下来摔死的。别紧张，露西不是哪位人类学家，而是最著名的早期人类化石，有"人类祖母"之称。露西属于阿法南方古猿，1974年，她的遗骸碎片在埃塞俄比亚有着320万年历史的岩石中被发现，发现者是来自克利夫兰自然历史博物馆的唐纳德·约翰逊等人。当时，这群人类学家的营地里正放着披头士的歌曲《露西在缀满钻石的天空中》，所以这具早期人类化石就被命名为露西。学者们发现，露西的各项生理特征表明，她很可能可以像现代人类一样双腿直立行走，因此露西很快声名鹊起。她的髋骨和人类很像，髂骨短、骶骨宽、股骨头向髋关节内侧弯曲，这些特征使她的腿能够垂直向下。近年来对露西进一步的生物力学研究证实了最初的猜测，她确实能像现代人类一样双腿直立行走。曼彻斯特大学的比尔·塞勒斯用计算机重建了露西下肢的模型，模拟了她的步态。2011年利物浦大学的罗宾·克朗普顿发现，更早的360万年前的南方古猿在沙地上留下的脚印和现代人类的非常像。脚跟和前脚掌的压痕表明，它们采用的是人类特有的直立行走步态。将这些压倒性的证据和发现露西化石的地点——干旱的埃塞俄比亚阿法三角地带——结合起来，就不奇怪为什么之前电脑重建的露西影像显示她大步走在偶有灌木出现的荒草地上。根据目前的考古发现，露西是人类进化过程中第一个直立行走的女性，所以先前提出的"露西生活在树上"的观点，看来是不太可信的，更别说是从树上摔下来的了。

但是，那些关于露西死亡场景的证据却又非常有说服力。之前人们一直认为，露西骨骼化石上的裂痕是在她死后几百万年里出现的。然而得克萨斯州立大学的约翰·卡佩尔曼及其同事用核磁共振仪器扫描了露西的骨骼化石，他们在上面发现了成人跌倒后才会出现的骨折特征。腿骨和臂骨都有复杂的压缩性骨折，断口与骨头的长轴呈45度。此外，他们还发现了几处青枝骨折，和小孩子从树上摔下来的骨折情况类似，骨头因弯曲而断裂，但在纵向上只断开一半，就像树枝因弯曲而裂开。卡佩尔曼认为，露西从树上摔下来的假设和其他研究发现相吻合，即在完全开始地面生活之前，露西和她的亲友仍处于半树栖生活状态。东非的环境并不是一开始就像如今这么干燥，在露西生活的年代，这片土地有可能是疏林草原。

另外，南方古猿的上半身解剖数据也强有力地说明露西过的是半树栖生活。她有着黑猩猩一样强壮的手臂和弯曲的手指，非常适合爬树。2012年，中西大学的大卫·格林和加州科学院的泽雷塞奈·阿莱姆塞格德也证明了露西的肩胛骨和猿类很相似。2016年，约翰斯·霍普金斯大学的克里斯托弗·拉夫和他的同事对露西的骨骼做了计算机断层扫描，他们发现，与人类的臂骨不同，露西拥有像黑猩猩一样厚的臂骨，那一定是用来爬树的。2018年，有学者研究了330万年前一个幼年阿法南方古猿的足骨，发现这个小家伙的跗骨关节曲度比露西的还要大，这一构造让它的大脚趾像拇指一样灵活，可以紧紧抓住树枝。可以推断，它大多数时间都在爬树或攀附在母亲身上。

所以说，和露西一样的早期南方古猿，髋部以下看起来像人类，腰部以上看起来像猿类。这一规律在年代更近的人族身上也成立。存活至200多万年前的非洲南方古猿也长着适合爬树的长手臂和弯曲的手指。就连生活在150万~210万年前的能人（第一种被认为属于人类的灵长目）也拥有比我们更长、更健壮的手臂。如此看来，直到100多万年前直立人出现，人类才彻底适应了地面的生活方式。

不过，既然人类的近亲们早在360万年前就能直立行走，为什么他们还能保留爬树技能长达200多万年呢？要了解人类的历史，我们不仅要弄清楚早期人类从树上下来的原因，还要弄懂为什么他们长期处在半树栖半陆生状态，以及直立人是如何最终克服障碍，彻底完成从树栖到陆生的转变的。

近期关于世界环境史的研究表明，影响早期人类从树上下到地面的关键因素是气候变化。在过去的200万年里，由于地球板块运动，全球气候变冷。印度洋板块挤压亚欧板块，推高了喜马拉雅山脉，暴露出来的硅酸盐岩石吸收了空气中的二氧化碳，缓解了温室效应。随着气候变冷，热带和亚热带地区的季节性更强，雨季和越来越长的旱季交替出现。这种趋势在东非最明显，东非大裂谷的形成推高了山势，阻断了来自印度洋的雨水。以往连成一片的热带季雨林被隔断开来，除了河谷一带的土壤湿润的地区，其他林地都难以适应变长的旱季。

森林地面暴露在光线下，形成了一种新的生态系统——疏林草原。疏林草原上长满了草和其他草本植物。这些植物只在雨季生长，枯萎后将能量储存在地下的肉质鳞茎、球茎或根部以度过旱季。

显然，这种植被变化对生活在森林中的猿类是个坏消息。就如同上一章中提到的疏林草原黑猩猩一样，它们被迫下到地面，在稀疏的树木间穿梭，寻找其他食物来补充自己以水果为主的饮食。和当代黑猩猩一样，它们会吃疏林草原上随处可见的白蚁，去蜂巢里抢蜂蜜，捕捉婴猴等小型哺乳动物，它们必须尝试多样化的饮食。或许它们也像黑猩猩一样制作过长棍、凿子、长矛等木制工具；或许它们也用石斧敲开过草原上耐旱植物产的坚果和籽；但它们在旱季的主要食物来源，同居住在类似疏林草原上的以坦桑尼亚哈扎人为代表的现代狩猎采集者一样，也是植物埋在地下的根和茎。

如前文提到的，猿类吃掉果实可以帮助植物繁衍，所以果实大多甜美可口。但是被吃掉根部可对植物没有半点好处，猿类把根部挖出来吃掉就等于对这株植物宣判了死刑，所以植物都拼命保护自己的根部。首先，它们的根部都含有坚韧的纤维。作为应对，早期的南方古猿和能人都长出了牙列。食果猿类原有的尖尖的犬齿和臼齿变成了小犬齿和大大的板状臼齿，臼齿表层还覆盖着厚厚的釉质。这样的牙齿更适合咬断和咀嚼坚硬的植物。晚期的南方古猿如鲍氏傍人和罗百氏傍人，它们的颅骨顶部都长出了和现代鬣狗很相似的矢状嵴，这个结构是巨大的颞肌的附着点，据说可以帮助它们用牙齿磨碎植物坚硬的根部，咬开坚果和种子。

植物还使用化学手段保护自己的地下储藏器官，比如生成能使消化酶沉淀的收敛性化学物质以及让食用者中毒的毒素。为了帮助消化这类难吃的食物，南方古猿进化出了更大的肠道，这一点可以从它们胸腔下部的扩张看出来。由此推断，它们可能像长鼻猴一样大腹便便。不过，吃植物根部最大的困难其实是把它们从土里挖出来。狒狒是目前唯一居住在非洲平原的灵长目，它们用手挖土只能挖到浅层土壤的鳞茎和球茎。疣猪用它们长长的尖牙可以挖得更深一点。为了挖到土壤深处更长的根部，我们的祖先必须琢磨出新的技术。上一章中，我们提到疏林草原黑猩猩会用挖掘棍，但这种工具只有 1.5 厘米粗、30 厘米长。这些木棒又短又细，黑猩猩握住其纤细易断的尖端，只能在雨季土壤柔软时挖出浅层的根部。相比之下，南方古猿需要更"先进"的工具。

目前，暂时还没有学者研究挖掘棍的最佳设计。不过，在力学上，掘土和砍伐直根植物很类似，而且幸运的是，我刚好对这一方面有所涉猎。根据基本的力学原理，想要提高挖掘效率，早期人类需要折断并使用更长、更结实的棍子。当棍子的粗度增大两倍时，硬度会增大 16 倍，强度会增大 8 倍；使用这种更粗的棍子挖掘，能够挖出两倍深的土壤。另外，棍子末端还得打磨尖锐，这样就可以更轻松地插进土壤。考虑到木材容易腐烂，没有考古发掘出早期人类进化时期的挖掘棍也很正常。事实上，已发现的最早的挖掘棍只有 17 万年的历史，是我们的近亲尼安德特人在意大利托斯卡纳南部的一个叫波盖蒂维奇的地方制作的。这些挖掘棍长 100 厘米~120 厘米，直径为 2.5 厘米~3.8 厘米，末端用火烧过，烧焦的部分被磨掉，变成了尖尖的形状。现代的狩猎采集者，如哈扎部落的女性，使用的挖掘棍更大、更精细。她们用的棍子约 1 米长、4 厘米粗，重 0.45 千克~0.9 千克。哈扎人用这类工具挖出来的根让人印象深刻，比胡萝卜和欧防风大得多。他们最爱吃的一种根约有 1.2 米长，特别有营养。哈扎妇女把棍子的尖头敲进土壤深处，将根部弄断，然后从松动的泥土里撬出来；整个过程非常高效，妇女可以在几小时内收集足够满足族群日常所需的根。

这些木棍都是非常精巧的工具，但哈扎人已经有了砍刀之类的铁器，他们每周用铁器砍一些新的棍子或削尖棍子末端。早期的南方古猿没有金属，甚至连石器也不会用，所以它们不太可能像尼安德特人或哈扎人一样做出粗大的挖掘棍。然而早期人类一定面临着巨大的选择压力，迫使他们学习如何折断和制作更粗、更长、更坚硬的棍子。

这可能促使他们做出了新的石制工具，其锋利的边缘能锯断树枝并将末端削尖。为了制作并高效使用挖掘棍，他们必须进化出有着对生拇指的抓握力更强的手。

在使用挖掘棍时，早期人类会利用木材优越的力学性能。在上一章中，我们提到了木材的细胞结构会影响树枝被弯曲时的断裂方式。但木材的强度、刚度和韧性是由细胞壁本身的分子结构决定的。纤维素的结晶性微原纤维使细胞壁强韧，这种微原纤维嵌于较软的半纤维素基质中，在一种名叫木质素的聚合物作用下保持稳定。这种设计的精妙之处在于，大多数纤维素以与细胞长轴呈约 20 度的角度缠绕在其周围，沿细胞长轴对其加固。当细胞壁断裂时，纤维素就会像被拉伸的弹簧一样松开，形成一个粗糙的断裂面，成千上万丝状的纤维素分子从木材中伸出。这一过程吸收了大量能量，使木材的韧性比玻璃纤维强约百倍，并让木材具有抗断裂的能力。这就是为什么飓风能摧毁更为坚硬的人造建筑，却摧毁不了树林，这也能解释为什么木船比玻璃纤维船更耐撞。

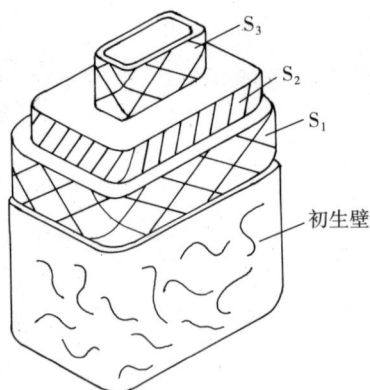

木材细胞结构。次生壁 S_2 层的纤维素原纤维以与长轴呈约 20 度的角度螺旋上升。

早期人类也从木材的两大特性中受益，尽管这两种特性对树木本身并没有什么实际好处。从树上砍下来的木头慢慢变干，它的力学性能不会减弱反而会增强。对生物材料而言，这种特性极不寻常，因为像骨骼、角、指甲等材料脱水后都会变得更加脆弱易碎。随着木材细胞壁变干，水从半纤维素基质内蒸发，纤维素原纤维相互靠拢（收缩），基质就会变硬。这一过程会加强木材的刚度，但木材的强度和韧性不会变，因为后两者的变化取决于纤维素原纤维本身。在旱季，疏林草原的相对湿度为 60%，此时木材的含水量通常会从 30% 下降到 12%，其硬度会增加两倍。就像人们一直以来所做的那样，早期人类会利用这种变化规律：他们趁着树枝刚从树上折下来水分还充足的时候，用牙齿或锋利的石头把末端磨尖，做成挖掘棍，待木棍干燥变硬后再投入使用。一根完全干燥的木棍挖出的坑，比刚折下来的新鲜树枝挖出的坑要深 50%。

因此，我们最好将早期人类想象为双足行走的半树栖猿类，他们的大脑比起现代黑猩猩大不了多少。露西的大脑约重 500 克，鲍氏傍人和罗百氏傍人的大脑约重 550 克，能人的大脑约重 630 克。他们一定和疏林草原黑猩猩很像，吃各种各样的蔬菜，但更依赖于地下的植物根茎，也更擅长制造和使用木制工具。当然，320 万年前的他们也会使用原始的石制切割工具，即所谓的"奥都万工具"，我们在第 4 章中会详细介绍。而且他们也进化出了更适合抓握这些工具的双手。然而几乎可以肯定的是，他们仍然浑身长满毛，双臂强壮有力，弯曲的手指善于抓握，以便在需要时爬回树冠。露西和她的亲属一定生活在疏林草原地区，草原被成片的森林或零星的树木覆盖。不过，如果早期人类都是在搜寻地面或埋在地下的食物，那为什么总是要回到树上呢？一定是出于某种原因，他们才无法永久定居地面。

看看如今的非洲平原，答案就很明了了。早期人类非常容易被食肉动物吃掉，这些捕食者包括剑齿虎、锯齿虎以及现代狮子和鬣狗的祖先。而如今，作为生活在非洲平原上的唯一灵长目，狒狒仍然面临着被捕杀的困境。与早期人类相比，狒狒的体格更加健壮，能更好地保护自己。它们长着巨大的犬齿，成年雄性狒狒的体重可达 40 千克，比许多大型猫科动物还要重。即便这样，为了保护自己，狒狒必须以 20~200 只为单位过群体生活，夜晚也依旧不得安眠。睡眠专家大卫·萨姆森和他的同事发现，即使生活在动物园里，狒狒每晚也会醒来 18 次，只有 60% 的休息时间处在睡眠状态，其中仅 10% 左右的时间能进入深度快速动眼睡眠。相比之下，睡在巢中的黑猩猩的快速动眼睡眠时间占比达 18%，现代人类达 22%。考虑到深度睡眠对大脑功能的重要性，对防御能力较差的早期人类而言，能够爬树对他们的生存和智能行为进化至关重要。他们很有可能像疏林草原黑猩猩一样睡在筑于树冠间的巢里。他们爬树不仅是为了吃果子、找树枝做挖掘棍，也是为了筑树巢，让自己能在夜晚安然入睡。露西的死应该是她在进行早晨或夜间活动时发生意外导致的。

那么早期人类究竟是怎样开始永久性的地面生活的呢？唯一说得通的答案便是他们学会了用火，能够在夜间保护自己不被地面捕食者攻击。这得感谢木材的第二大特性——易燃性，尤其是在干燥的时候。燃烧的木材会释放大量的光和热。可燃性对树木本身来说没有任何用处，它能燃烧只是对人类而言的另一个幸运。大多数树木，特别是生长在雨林中的树，被点燃的概率很小。前面曾提到过，树木的细胞壁中含有大量水，约占其干重的 30%。此外，树干和树枝外侧边材中的细胞腔充满了水，因此，一棵树的树干可以包含 3 倍于其干重的自由水。在木材燃烧之前，所有这些水必须被加热蒸发掉，而蒸发掉这些水所需的能量占木材最终燃烧时释放能量的1/3。如果你把一根新鲜树枝丢进火里，它需要一些时间加热，从两端释放出水和热气，然后才会噼啪作响地燃烧。当树木被雷电击中时，细胞内水分的蒸发是摧毁树木的原因。雷击产生的电能将水加热，水蒸气爆炸性膨胀，来不及从枝端逸出的水蒸气导致树干开裂。雷击极少直接导致起火，森林起火一般都是因为闪电点燃了树木周围干燥的草和树枝。

干木材的燃烧过程相当复杂，其原理决定了我们如何生火和控制火，所以值得细细道来。细胞壁的化学性质即使在100摄氏度以上也很稳定，木质素使纤维素纤维紧密地结合在一起，这就解释了为什么我们不能把木材煮熟当成食物来吃。当温度升至燃点以上，结合水从木材细胞中蒸发，但在温度达到148摄氏度之前不会发生其他变化。随后，纤维素纤维之间的半纤维素分子结晶，纤维素纤维变得更加坚硬。这一过程也使木材本身变硬，但由于纤维素纤维不能从细胞壁中拉出，木材除了变硬之外还会变得更脆。在第4章中，我们会介绍人类对这一"火硬化"效应的应用。

当温度达到204摄氏度时，树木在高温作用下断裂。纤维素、半纤维素和木质素等聚合物开始分裂并形成各种较小的液体分子。这个过程被科学家们称为"热解"，该过程会释放能量，首次开始产生热量来驱动燃烧。当温度从204摄氏度进一步上升到315摄氏度时，这些小分子就会蒸发，其中一些会与空气中的氧气发生反应，产生火焰，进一步产生热量。还有一些气体会与碳粒子一同逸出，以烟雾的形式释放出来。最后，细胞壁的分解完成，只有碳留了下来，木材变成木炭。与热解产生的挥发性化学物质不同，碳不会蒸发，而且它只有在温度达到482摄氏度时才会燃烧；它与表面的氧气发生反应，产生二氧化碳和能量。由于木炭燃烧时没有任何物质会从中蒸发出来，所以既不会产生火焰，也不会有烟雾，这也是为什么木炭燃烧时只是发红光。现在我们已经了解了什么是燃烧，我们会发现，木材燃烧的关键是将温度提高到足够发生热解，同时让氧气到达表面来维持火势；此外，我们还需要在周围放上足够的木材，这样火势才会蔓延。所以，生火堆的第一步是将很快就能被点着的引火物松散地堆在一起。下一步就可以添更大的木块，这些木块会升温并发生热解，然后开始燃烧，当火焰温度高到足以使木块发出红光的时候，就暂时不需要再添柴了。

在没有火柴或引火物的情况下，生火不是件容易的事。现代狩猎采集者常用的方法包括摩擦木棍产生热量，或者敲击火石产生火花。对早期人类来说，这两个办法他们都不太可能用到，不过好在他们还有其他帮手。第一个帮手是气候变化。首先正是因为气候发生变化，早期人类才会来到地面。在疏林草原的干燥季节，空气中的水含量下降到只有饱和值的 60% 左右，炎热的太阳和火辣辣的风让枯木迅速变干燥，其细胞壁中的结合水含量下降到只有 12% 左右，这个时候的木材更加易燃。此外，疏林草原上也更容易燃起野火，野火一般是由雷击引发枯草燃烧所致。现如今，猎豹和猛禽等掠食者常常会到野火发生地守株待兔，捕食那些因火灾受惊而四处乱窜的小型哺乳动物和鸟类。疏林草原黑猩猩也是"守株待兔"的一员，不过它们是去收集那些被烤熟的豆类植物的种子，想好好美餐一顿。早期人类可能也有过同样的行为，他们或许也像现代狩猎采集者一样，去收集或食用过各种被野火烧得裂开或烤熟的树木种子和坚果。

从追逐火焰到利用自然发生的火种，人类只差一小步就能迈入保存火种的新阶段了。澳大利亚原住民长久以来都使用火来管理自己的生存环境，他们点燃灌木丛，煮熟植物种子和昆虫，促进可食用植物的生长。这种做法改变了当地的景观，让耐火的桉树长遍了整个澳大利亚。原住民在丛林旅行时会携带易燃的木块，这样的话在有烧林需求的时候就可以随时点火。既然已经能利用易燃的木头保存火种，那么在常居地生火、在夜间保持住火势吓退捕食者也就胜利在望了。对早期人类而言，离安全、永久的地面生活只差临门一脚了。

建起永久营地并能围坐在篝火旁还有其他的好处。当疏林草原地区典型的寒夜降临时，人们能一起取暖；如果需要制作或修补工具，火光照明可以延长工作时间；大家还有机会进行更丰富的社交互动，可以分享食物、交流信息。如此一来，实践技能和社交技能的进化都将得到极大提升。

或许篝火更大的好处是可以用来做饭。2009 年，理查德·朗厄姆出版了《起火》一书，他在书中提出了一个极具说服力的观点。他认为烹饪对现代人类的进化至关重要，正是因为能够生火做饭，我们才从过着半树栖生活的双足行走猿类变成了人。理查德指出，对肉类和蔬菜的烹饪会从力学和化学两大层面影响食物的性质，进而从根本上改变早期人类的消化器官和行为。

当烹饪食物的温度远远超过结构成分在生物体中正常工作的温度时，高温会分解其构成成分。肉类中最重要的成分是胶原蛋白，这是一种长链蛋白质，其绳状分子连接成片，为周围的肌肉细胞提供框架。这些薄片组合在一起便成了我们平常在生肉中看到的白色大理石纹，它们负责将肌肉细胞产生的力量传递给肌肉末端的肌腱。给肉加热会破坏胶原蛋白分子，削弱这一结构的功能。高温会让肉质变软，尤其是肉质更硬的切块肉——这些肉由较细的肌纤维组成，含有更多的大理石纹，炖牛排就是一个典型的例子。牛肉中较昂贵的牛里脊和牛臀肉，需要的烹调方式反而简单，因为它们含有更多的肌纤维和更少的胶原蛋白。烹饪也会把植物软化，高温会把将细胞壁粘在一起的果胶分解掉，并削弱将纤维素纤维固定在细胞壁中的半纤维素。然而仅靠加热是不能分解纤维素纤维的，也无法从植物细胞的细胞壁内去除木质素。这也是无论你把草或过熟的豆子煮多久，都没办法软化其中的纤维的原因。

食物因烹饪而机械化分解所带来的影响极大。食物的硬度和韧性大幅下降，让进一步的加工变得更容易。用牙齿嚼碎食物不用再费那么大劲，食物也更容易释放其细胞内含物。嚼碎食物的最佳牙齿形状同样发生了变化。以前需要的是厚而平的板状牙齿，这样的牙齿可以施加较大的压缩力磨碎坚硬的食物，而现在需要的是有明显牙尖的臼齿，用来咬断较软的食物。这种齿形咬合力更小，但咬断食物的速度更快。现代狩猎采集者在咀嚼食物上花的时间甚至比吃相对较软水果的猿类还要少；黑猩猩每天需要五六个小时来咀嚼食物，而现代狩猎采集者的咀嚼时间还不到一个小时。这为其他活动腾出了大量时间，如照顾火种、建造永久营地、制作工具以及觅食。

烹饪食物时发生的化学分解影响更大。针对现代人类所做的研究表明，烹饪后再吃与生吃食物相比，可以让我们吸收更多能量，其差距大概是80%对60%。而且我们消化食物所需的能量减少了12%，所需要的时间也减少了一半。会烹饪的早期人类生存能力更强，生育时间更早，繁衍的后代更多。消化变得更快、更高效后，早期人类就不需要那么大的肠道了，他们可以转移能量来生长和维持更大的大脑。之前提到，与食叶猴相比，食果猴的大脑发育得更大；同理，与那些继续吃生食的同类相比，会烹饪食物的早期人类的大脑能进化得更大。烹饪食物的好处，从那些只吃生食的养生狂热爱好者身上也能窥得一二。即使在进食之前仔细磨碎食物，生食者在消化方面也存在问题，并且他们的体重往往都会逐渐下降，体质也会变差。男性体重一般会下降 20 千克左右，女性约 25 千克；超过一半的育龄妇女停经，这是典型的健康状况不佳的表现。

用火的好处是显而易见的，但我们的祖先究竟是从什么时候开始用火来保护自己、烹饪食物的呢？根据牙齿和骨骼的化石变化，以及食用煮熟食物可能呈现的生理特征，科学家推断人类也许从 200 万年前就开始使用火了。而这也刚好是直立人出现的时间，直立人是第一种外形近似于"人"的古人类。作为最先使用火的可能人选，直立人符合所有的条件。首先，他们的骨架发生了变化，这表明他们长期生活在地面上。直立人的上半身与现代人类的上半身很像——肩膀更薄，手指更直，不善于爬树。到了晚上，在地面上生活的他们通过生火来保护自己。他们也用火烹饪，与这种活动相对应的变化体现在他们的头骨尤其是牙齿上。南方古猿和能人长的是板状臼齿，相比起来，直立人的牙齿变小了，而且前端是尖尖的，和我们的牙齿很像，只能用来咬烹饪过的软食。直立人的颚肌也变小了很多，他们不再像南方古猿那样长着矢状嵴和较大的肌肉止点。最后，他们的髋部也与我们现代人类的髋部很像，髋部对腹部起支撑作用，这意味着直立人不再需要一个用来消化生食的大肚子。最值得注意的是，直立人有着更大的大脑，通过分析早期化石和最近的化石，其大脑重量在860 克~1180 克之间不等，远远重于最初与之共存的其他古人类。要给这种体量的大脑供应能量，直立人就得吃容易咀嚼和消化的熟食，这样也会大大提升其社交能力和其他各类技能。

已有充足的证据表明，人类最早使用火是在 200 万年前，但是与早期人类用火相关的遗迹的直接证据还是比较少。这也不是什么怪事。毕竟，大多数用火的痕迹在几天或几周内就会消失。洞穴中用火痕迹的留存时间可能更长，但很少超过 25 万年；在基岩上留下的痕迹也会被风化掉。然而令人惊讶的是，研究人员在很多遗址中发现了 150 万年前人类烧过木柴的相关证据。这些遗址包括东非的库比弗拉和契索旺加。其中，人类控制火的第一个确凿证据是在以色列的格舍尔·贝诺特·雅科夫发现的。在这个有着 70 多万年历史的遗址中，研究人员发现了木炭和木材，还有烧过的火石和卵石，这说明这里也许曾经有过炉灶。

人类究竟何时开始用火，目前尚无定论。但是无论确切的时间是什么时候，对早期人类的研究所得出的最重要的结论莫过于：开始地面生活的关键是利用木材，尤其是学会利用木材的两大特性。在第一阶段，古人类利用木材干燥后变硬的特点，制作并使用挖掘棍来获取新的食物——植物地下的根茎。在第二阶段，我们智人属的祖先利用干木头的易燃性生火，用火来保护自己不受捕食者的伤害并煮熟食物。我们之所以能摆脱树栖生活，得益于我们与树木间不断发展的关系，而木材却又来自树林本身，这可真是矛盾。

第 3 章

体毛的退化

德斯蒙德·莫利斯在 20 世纪 60 年代出版了一本探讨人类行为的著作，它的书名《裸猿》可谓取得绝妙至极。这一颇具挑逗性的标题不仅让该书大卖，更重要的是它精准地捕捉到了我们对自身的感受：如果非要说出一个人类区别于猿类最显著的身体特征，那肯定是我们身上没有毛。的确，人们对无毛似乎非常在意，现代社会甚至还将体毛妖魔化。手背上长出毛是狼人主题电影的标配，也是罗伯特·路易斯·史蒂文森笔下的海德先生兽性的标志；全球脱毛行业在 2017 年估值约 8.8 亿美元。对生活在地面的哺乳动物来说，无毛其实是一种极不寻常的特征，除了人类外，一时间我只能想到裸鼹鼠。所以要讨论现代人类的进化，必须解释清楚人类的体毛是从什么时候开始退化的，原因又是什么。可以预想到，不会有绝对清楚明晰的答案，但树木很有可能再次发挥了重要作用。

由于毛发不会形成化石，我们不可能确切地知道我们的祖先是何时褪去体毛的。然而现代分子遗传学已经能够对该问题做出一些解释，他们研究的不是控制毛发生长的基因，而是控制皮肤颜色的基因。失去体毛（或者更确切地说，降低毛囊的深度和密度）带来的后果之一是会让更多的有害阳光照射到我们的皮肤。猿类毛发下的皮肤都很白，所以无毛的人族需要分泌更多黑色素来吸收有害紫外线，因此他们的皮肤会变黑。这种变化似乎与黑素皮质素受体1（MC1R）的基因改变有关。犹他大学的艾伦·罗杰斯和他的研究小组发现，在现代非洲人中，这个基因包含大量沉默突变，这些突变一定是从古人类最早开始褪去体毛时积累起来的。假设当时的人口相对较少，大概是几千人的规模，这样的突变只能慢慢积累，因此罗杰斯计算出，自人类褪去体毛以来，至少已经过了120万年。我们的祖先直立人肯定是最先开始经历体毛退化的人种，那时的他们用双腿直立行走，居住在树木日益稀少的疏林草原，用火来威慑捕食者、烹饪食物，过着小规模的群体生活。

但究竟是什么导致了体毛退化呢？人类学家普遍认可的一种解释是，体毛退化可以让迁入热带疏林草原的早期人类保持凉爽。从20世纪60年代开始，这个观点就被各路学者广泛阐述，其中最著名的是利物浦约翰摩尔斯大学的彼得·惠勒，它很能吸引眼球，听起来也挺有道理。毕竟我们穿衣服是为了保暖，脱衣服是为了凉快。而体毛就像我们身上的衣服，是优质的隔热物，能够吸收身体周围的热空气。没有了体毛，我们就可以利用空气对流更快地给身体降温；另外，它还使我们以出汗的方式保持凉爽。出汗会降低我们的体温，因为蒸发掉皮肤上的水分需要能量。与覆盖着体毛的身体相比，赤裸的身体通过出汗的过程可以带走更多的热量，因为无须先弄湿整个皮毛，汗水中的水分可以直接从裸露的皮肤上蒸发掉。虽然包括灵长目在内的大多数有毛哺乳动物是通过喘气散热，让水分从口腔内壁蒸发，但出汗已成为人类蒸发散热的主要形式。流汗能够让我们从全身范围带走热量，其速度是其他哺乳动物散热速度的数倍。

出汗散热是如此高效，因此人类学家进一步推测，体毛退化促进了人类进化中另一项能力的发展——猎杀大型动物。早期人类意识到，由于自身体格不够壮硕，他们很难杀死非洲平原上的羚羊、角马和斑马等大型哺乳动物。他们既没有足够的速度抓到这些动物，也没有足够的力量制伏它们。"狩猎假说"认为，由于出汗可以让人类更长时间地保持凉爽，早期人类在炎热的白天可以比猎物跑得更远更久。如果他们追踪猎物的时间足够长，猎物最终会由于体温过高而无法动弹，这时猎人就能够追上并杀死它们。卡拉哈里的萨恩人就使用这种方法猎杀羚羊。他们连续追踪羚羊2~5个小时，直到猎物倒下。英国广播公司（BBC）还拍摄过高质量的视频，记录下了萨恩人用这种方法追踪并杀死一只扭角羚的全过程。然而我们还是无法确定，没有体毛是不是萨恩人捕猎的关键优势。另外两种哺乳动物捕食者——非洲猎犬和斑点鬣狗——也是用这种方法在热带草原上捕猎，但它们都同自己捕杀的猎物一样，全身长满了毛。事实上，耐力狩猎在狩猎采集社会中比较罕见，不常见的原因或许是它有一个缺点：虽然狩猎者可以通过出汗来保持身体凉爽，但这样狩猎会让身体失去大量水分（据说，美国军队的新兵在沙漠中演习时，每小时会消耗超过4升的水！）。如果水分流失超过体重的2%，就会有脱水而亡的风险。现代的猎人可以携带水瓶，随时补水保持自身液体水平。但我们没法确定早期人类是否已经发明了能够携带水的容器。

"狩猎假说"有一个很少被人类学家提及的大缺陷。在炎热的白天，赤裸的身体实际上比长满毛的身体吸收更多的热量，这就意味着人体需要更积极地散热。你可能会认为，只有当气温超过我们的体温时才会需要散热，因为此时热量会通过对流进入我们的身体。但三十几摄氏度的气温在热带草原上很少见，那里白天的平均最高温度通常在29摄氏度左右，所以并不是说环境温度高才需要散热。"狩猎假说"没有考虑人体和环境之间最重要的传热方式——辐射。在炎热的晴天，无毛的人体会吸收从地面反射的长波辐射，以及来自太阳的大量短波辐射（主要是可见光）。在这种情况下，进入我们身体的净辐射可以达到每平方米约 536 瓦，这比我们自身产生的能量多得多。有毛动物的毛囊层几乎可以屏蔽所有的辐射，因此，虽然它们的皮毛表面可能是热的，但皮肤仍然保持着正常的体温。所以大多数热带草原哺乳动物的体毛都比生活在密林中的远亲的体毛更加浓密，它们的上半身往往有特别浓密的体毛用来抵御太阳光的照射。在厚厚的体毛的保护下，它们保持身体凉爽所消耗的水分比裸体的人类要少得多。

身处沙漠时，在烈日下保持凉爽是最重要的。值得注意的是，那些被称为"沙漠之舟"的骆驼的上半身体毛格外厚重，而骑在它们身上的人类则只用宽松的长袍遮盖自己。同理，人类的头发之所以远比身体的汗毛浓密，就是因为头发可以起到屏蔽热量的作用，从而保护我们最重要的器官——大脑，让其免受高温的伤害。说到头发对调节头部温度的作用，许多英国板球迷可能会想到一个生动的例子：1994 年，英国全能选手克里斯·路易斯在西印度群岛比赛开始前因剃了头而中暑，就这样极为讽刺地错过了开场"热身"赛。头发对保持头部凉爽是如此重要，所以世界上较热地区的居民，如美洲原住民和非洲人，留光头的男性人数远远少于北欧凉爽地区的高加索居民。也许是因为失去头发遮挡的弊端过于明显，所以大家都不怎么愿意剃光头。相信有一半的读者朋友可能已经发现了"狩猎假说"的另一个缺陷：性别歧视。研究该理论的学者几乎都是男性，他们只关注狩猎这一项活动，并认为该活动全部由男性承担。他们完全忽略了女性的贡献，他们觉得女人大部分时间都在"采集"，或者只是待在家里，等待男人把猎物带回来。他们没有解释体毛的退化在帮助女人挖掘根茎、生火做饭上起到了怎样的作用。事实上，按照该理论，女性的体毛应该比男性的更加浓密，因为她们的新陈代谢没有男性那么大的散热需求，反之亦然。

因此，近年来，一些科学家开始倡导另一种假说，该假说最早是由自然科学家托马斯·贝尔特于 1874 年提出的，它同时考虑到了男性和女性的情况。这一假说认为，人类体毛的退化是为了减少身上的寄生虫。早期人类从树上下来后，不再单独睡在树巢中，而是群居在半永久性的营地里。在营地周围，更容易滋生皮外寄生虫，给人类造成困扰。在现代杀虫剂发明之前，我们确实饱受寄生虫的困扰。臭虫藏在我们的床垫上，虱子藏在我们的头发里，阴虱藏在我们的阴毛里。此外，人类是 193 种猴类和猿类中唯一拥有专属跳蚤的物种，这种跳蚤叫作人蚤，它的出现是因为我们有永久性的居所。人蚤的幼虫落在我们的地板上，以房子里的有机碎屑为食，一旦从蛹中出来变为成虫，它们就能在房子里找到人类饱餐一顿。

烦人的皮外寄生虫不仅会吸食我们的血液，还携带危险的传染病，如斑疹伤寒、各种斑疹热和黑死病。因此，为了减少皮外寄生虫的数量，早期人类在形态特征的进化选择上面临巨大压力。"体外寄生虫假说"认为，为了解决这一问题，人类进化的最终选择是体毛的退化。这也与我们的历史经验相符。在第一次世界大战中，人们发现把士兵的头发剪短可以大大减少头虱的积累。因此，脑后和两侧剃短的盖式发型成了男性的时尚标准，这股风潮一直持续到 20 世纪 60 年代。减少头发的长度和厚度不仅使我们更容易发现皮肤上的跳蚤和虱子，英国谢菲尔德大学的伊莎贝尔·迪恩和迈克尔·西瓦－乔西最近的研究还发现，短小的体毛是出色的运动探测器，可以让我们感受到寄生虫的位置。最后，该理论还为女性的体毛为什么比男性的少给出了一个令人满意的解释：女性待在营地的时间更长，她们可能更容易感染寄生虫。

在我看来，"体外寄生虫假说"更好地解释了人类的体毛为什么会退化。但无论赞成哪种假说，我们都必须考虑到裸露皮肤的重大弊端：要面临白天和夜晚完全不同的体温调节问题——白天过热，夜晚极易受凉。

由于没有隔温的体毛，现代人对温度变化的适应能力很差。所有恒温动物都有一个自身的舒适温度范围，在该范围内，无须提高静态代谢率就可以维持核心体温不变，只需通过蜷缩或伸展等行为便可调节体温。如上文所述，我们的上限临界温度相当低，约为36摄氏度，即使在浓荫下也是如此；而我们的下限临界温度很高，约为25摄氏度。在雨林中裸体生活是很舒适的，因为那里的气温在27~32摄氏度之间，所以雨林部落的居民衣服都穿得很少，但在其他地方就不一样了。热带草原白天的温度尚可，像塞伦盖蒂草原的平均最高温度在26~28摄氏度之间。然而由于草原的天空经常万里无云，空气比雨林中更干燥，夜间的平均温度会降至13~16摄氏度。更糟糕的是，草原的夜空看似晴朗，但空气温度实际上比地面温度还要再低很多。一般情况下，人体与环境之间的热传递方式主要是辐射。在夜间，人体散发的大量热量会辐射到空气中，所以在太阳下山后去看露天演出或庆祝节日时，我们总会觉得很冷，有时脖子和肩膀都会冻僵。在塞伦盖蒂草原的夜晚，实际体感温度为6~10摄氏度，去那儿的游客都被建议要带上毛衣和外套。可想而知，在120万年前的东非大平原上，裸体直立人在夜间会多么冷，甚至有可能冻得睡不着觉。

解决夜间保暖问题有3种办法。早期人类可能会彻夜蜷缩着围坐在他们生起的火堆边，一来可取暖，二来可抵御捕食者。年轻的时候，我们大多数人都有过围坐篝火取暖的经历，在这种情况下，面向火堆的那一面身子确实会感到暖和，但背对火的那一面和肩头没过多久就会觉得冷。这是因为我们的身体在户外会迅速失去热量。

早期人类的另一种保暖方式是用动物皮毛当铺盖。生理上的进化让人类保持凉爽，行为上的进化却让人类学会取暖，两个进化方向似乎背道而驰，让人很是费解。此外，有关衣服或制作衣服的实质性证据，比如针，在人类发展历史中出现得更晚——大约在 30 万年前；而人类正式开始缝制衣服则是在 2 万年前。

直立人极有可能在体毛退化之前就开始想办法解决夜间的保暖问题了。他们会在营地建造能够遮雨、保暖的简易住所。这一措施在雨季期间显得尤为必要。所有猿类都不喜欢淋雨，像苏门答腊红毛猩猩就经常在睡巢正上方建第二个巢穴，将其作为雨棚来遮挡雨水。对长期习惯建造睡巢的早期人类来说，给自己搭个简单小屋完全是驾轻就熟。实际上，许多狩猎采集部落仍然用从疏林草原的树上砍下的细枝建临时小屋。他们将树枝粗的一端插进地上的一圈柱孔中，然后在顶部将树枝固定在一起，其手法就像猿类建树巢一样。随后，他们在上面盖上树叶或树皮，有时甚至还糊上泥巴。目前，尚未发现旧石器时代人类建造这种小屋的证据，但这也不奇怪。因为即使是现代狩猎采集者建的小屋，一旦被遗弃，几周或几个月内就会支离破碎，不留痕迹。令人兴奋的是，在坦桑尼亚的奥杜瓦伊峡谷发现了 180 万年前人类营地建筑的遗迹，其中还有化石。该遗迹实际上是一圈石头，直径约为 4 米，这些石头可能是用于稳定和加固圆形小屋或防风墙的。这种解释颇具争议，许多人类学家声称，这个石圈是自然形成的，但也可能是人类建筑的雏形。

你可能会觉得脆弱的木屋不够暖和，因为冷空气可以迅速穿透这样一个通风的结构，但其实它们的保暖效果非常不错。在寒冷的夜晚，任何可以为我们提供遮蔽的东西都是有用的。我的博士生大卫·阿姆森做的关于城市树木气候效益的研究表明，在白天，人们在树冠阴凉处的体感温度最多可下降约 7 摄氏度；在晚上，因为树叶挡住了夜间的冷空气，所以人们会感到暖和 1~2 摄氏度。正因如此，在坦桑尼亚的早季，现代狩猎采集者哈扎人仍然睡在树下。

睡眠专家大卫·萨姆森和他的同事近期做了一项研究，他们发现睡在简易木屋里比睡在树下的好处更多。与我们的祖先相比，人类的夜间睡眠时间变得更长，睡得也更深，大卫·萨姆森等人对此非常感兴趣。哈扎人的简易小屋由女人建造，屋顶覆盖着草，晚上大家会在小屋里睡觉休息。萨姆森对影响哈扎人雨季睡眠质量的几个因素进行了调查。除了噪声等常见因素外，他们还估算了屋内和屋外的温度。他们使用简易气象站测量了空气温度、相对湿度和风速。小屋极大地减少了空气流动，阻隔了夜间的冷空气，萨姆森经计算得出，睡在小屋内比睡在屋外感觉暖和 4~5 摄氏度，这足以让人睡得舒服。

正是因为早期人类睡在木屋里，他们才能无冷暖之忧地褪去体毛。反过来，这又使人类越发需要掌握实用的木工技能来生火和建造更加精致的住所，然后再逐步学会使用其他材料制作床单和衣服等物。随着生活技能逐步提高，我们开始能够在更寒冷的地带生存并定居。体毛退化让我们变得更加聪明，我们不再像其他动物那样单纯地适应环境，而是开始依靠自己的智慧来控制环境。自此，看似弱小的灵长目开始征服世界。

第4章

拿起工具

对热爱探索世界的人来说，没有什么地方比博物馆更有吸引力了。当来到一个新的城镇，博物馆是感受当地风情历史的最佳选择，我们能通过参观博物馆了解一个城镇的过去与现在。一座迷人而古老的博物馆是当地人民自豪感、热情与好奇心的证明。博物馆是逝去岁月的宝库——工人的工具、建筑和船舶模型、毛绒玩具、人体骨骼和发黄的老照片（照片里可能有一位身着西装、戴着圆顶硬礼帽的男士和一位穿着宽大裙子、围着围裙的女士），里面陈列的展品把祖先鲜活的形象带到了我们的面前。

博物馆在开始介绍重头戏"石器时代早期的某城镇"之前，总会先简述当地的地理和地质情况，并展示一些化石。必不可少的还有数千年前的小镇微缩模型：系着缠腰布的男人，有的手持长矛追踪猛犸象或其他大型野兽，有的用棍子挑着捕获的鹿走在回营地的路上，一些穿着"保守"的女人在篝火旁迎接他们归来。模型前面是红木展示柜，里面摆放着一排排石制工具。这些石器按年代顺序排列，摆在最前的石器在路人看来就是普通鹅卵石，稍微往后就能看到漂亮的泪滴状手斧、打磨精细的箭头和抛光的斧头，它们向游客呈现出了人类石器的发展变化，大多数学史前史的学生对这些应该都很熟悉。

自1831年以来，石器研究一直是人类学和考古学聚焦的中心，当时丹麦古文物收藏家克里斯蒂安·汤姆森提出按照人类制作工具使用的主要材料——石头、青铜和铁——来划分"人类时代"。他的想法受到了英国男爵约翰·卢伯克的推崇。在卢伯克1865年出版的《史前时代》一书中，他将石器时代进一步分为"旧石器时代"和"新石器时代"，而在欧洲更具争议性的"中石器时代"则是很久之后才提出来的。从那时起，考古学家们花费了大量时间和精力对石器进行分类，将其按年代排序，尝试复现这些石器的制造和使用方法，并追溯它们的发展历程。在诸多努力下，这些学者强化了这样一种观念，即人类祖先的生活和物质文化是由他们与石头的关系主导的。人们普遍认为，生活在石器时代早期的人类是最先开始制作工具的人类；第一个工具是由石头制成的；石器在当时的人类世界里无处不在。精美的早期石器证明了早期人类的智力优势。

这些假设在19世纪和20世纪上半叶受到了广泛认可。毕竟石器似乎是早期人类时代唯一留存下来的工艺品，那些由动物毛皮、植物纤维和木材等有机材料制成的东西早就消失殆尽了。然而灵长目动物学家和人类学家在过去50年里的新发现告诉我们，19世纪考古学家的假设都是不成立的。首先，灵长目动物学家发现，我们的猿类近亲会制造各种各样的工具，因此不能因为人类是最早的工具制造者就被抬高到其他动物之上；其次，猿类制造的长矛、凿子、挖掘棍和巢穴等大多数都是用木头做的，而不是用石头做的。早期人类极有可能从猿类那里继承了它们的木工技能，因此，他们最早使用的工具应该是木制的，而不是石制的；另外，即使是那些认同"石器说"的人，在复现早期人类生活时主要用的也是木器，用木器狩猎、挖掘植物根茎和建造房屋，燃烧木头来御敌、保暖和做饭。再回看地方博物馆里的那些微缩模型，模型中绝大多数工具都是由木头制成的。男人们用木制长矛猎杀动物，然后将其挂在木杆上带回家；营地里，女人们站在小木屋旁，用木柴生火烹饪食物。石制工具只用于屠宰已被杀死的动物，再割下它们的兽皮。

与考古学家所言相反，早期石器做工并不精细，尤其是与猿类堪称艺术品的树巢相比，简直黯然失色。250万~320万年前，最早的奥都万石器看起来就像路边的石头，就连220万年前用阿舍利技术制作的石片也相当粗糙。毕竟石器的生产过程很快，只需将两块石头互相敲击，或者用骨头或木头敲砸石块即可。约200万年前，首次出现的手斧的确令人印象深刻，这是第一种有明显设计痕迹的石器。然而，即使是手斧也只需要短短20分钟就可以做完，因为它只是个边缘打磨过的泪滴状石片，几十万年来，手斧的设计几乎一成不变，因此它的制造水平并未展现出人类智力的进步。直到旧石器时代晚期（大约10万年前），复杂的修饰技术逐步发展，石器才变得更加精美，足以让每个被带进博物馆的小孩子驻足惊叹。到了那个时期，人类才真正制造出了像现代匕首、鱼叉和三翼镞的石器。

因此，石器绝非如人们想的那样，是早期人类生活中的核心。然而，在任何学科中都有这种现象：一旦某种文化建立起来，最开始研究这一文化的人就容易故步自封。人类学家至今仍过分强调石器的重要性，而忽视用其他材料制成的工具。理查德·利基在他那本知名的《人类的起源》中写了一段引人深思的文字，描述了一群直立人生活中的一天。在这段文字中，妇女们用"粗大的棍子"挖掘植物的根部，年轻的女孩们似乎大部分时间都在练习制作石器。与此同时，男人们在杀羚羊时，先拿一块石头给它"致命一击"，然后用一根"短尖的棍子"刺它，这个过程让人难以置信。利基从头至尾都没提到"木头"二字。的确，在大多数关于人类进化的书籍中，"木头"一词由于不够重要，甚至都不会被纳入索引。要弄懂为什么早期人类很少使用石制工具，为什么石器体积相对较小，以及为什么人类几乎只用石器来切割东西，我们需要比较石头和木头的结构及力学性能。

石头的成分决定了它的特性。石头是由晶体或非晶体构成的无机物。像花岗岩和白云岩等火成岩是由熔融状态凝固而成，燧石是从溶液中析出的，沉积岩，如砂岩、页岩，是由火成岩的碎片压在一起组成的，而白垩和石灰岩则是由死亡生物的无机骨骼化石构成的。结合紧密的原子让石头极为坚硬，坚硬的质地让石头成为非常理想的敲击工具。如果你用石头敲坚果或骨头，一般情况下必定是坚果和骨头发生更大的变形，石头中的所有动能都会被用来击碎被敲击物，而不会被石头吸收。但是，如果两块石头相撞，能量无处可去，裂纹就会轻易地穿过晶体或在晶体之间流动，使其中一块石头或两块石头都裂开。石头很脆且容易断裂，像燧石那样本身质地坚硬、没有裂缝的石头，用正确的方式敲击，就可以在想要的方向上让石头断开，形成锋利的边缘。这种边缘锐利的石器非常适合用来切割东西，在切柔软的肉或割坚硬的骨头时，石器能承受切割过程中产生的巨大压力，因此锋利的燧石就成了屠宰动物和切割兽皮的理想工具。

不过，石头易脆断是其很大的一个缺点。这意味着石器无法承受较大的张力，表面的一条小裂缝很容易就贯穿整个石体；石棒就像黑板粉笔一样容易被折断。因此，石刀需要做得短小厚重，以防止刀片承受的张力过大。即使当时的人们已经能够制造出石矛，但它一扔就会断掉，过于脆弱，无法使用。

相比之下，树木经过多年进化，无论是抗压缩能力还是抗拉伸能力都很强，而且沿纹理的方向极其坚韧，这就是树干和树枝都较难弯折的原因。干燥树枝的抗弯性能更佳，不仅同新鲜树枝一样结实坚韧，其硬度更是后者的 3 倍，是制作挖掘棍和长矛的绝佳材料。树木在被弯曲时不会轻易断裂，其质地坚韧，可承受外力冲击，其硬度足以刺穿皮肤或土壤。树木容易加工，刚从树上折下来的树枝质地柔软，易于塑形，方便人们切割、雕刻和抛光。

因此，完全可以推测，早期人类使用的大多数大型工具都是木制的，只有小型切割工具是由石头制成的。早期人类的小屋基本上就是他们猿类近亲所建树巢的倒置版本，他们用的长矛和挖掘棍与疏林草原黑猩猩制作、使用的那些很类似。而且，在涉及制造木器和石器的规划上可能也没有什么区别。现代猿类制作工具是为了在当下立即使用，要么是为了睡觉，要么是为了挖掘，要么是为了狩猎，它们几乎没有对树枝做大的改动。比如说，为了制作长矛，猿类会剥去树枝的叶子、去掉侧枝，然后用牙齿把树枝末端磨尖，除此之外，不再做过多加工。它们做的长矛并不规整，弯弯曲曲的，制作的过程似乎毫无规划和思考的痕迹。早期人类用来处理动物尸体的石刀和刮刀也是如此，都是当场制作并使用的。因此，无论是早期人类制作石器这件事本身，还是他们制作的细节，几乎都没有显示出智力的进步。人类日益成功的最好解释是木制工具的发展，尤其是武器的发展，这些发展也可以用来描绘人类智力的进化。

当我们的祖先开始用石器来辅助制造木器，而非仅仅将石器用于杀戮时，古人类智力的进步才真正迈出了第一步。这一过程是从早期人类移居到疏林草原上开始的。他们需要制造更粗的挖掘棍在旱季挖树根和地下茎，以及更大的长矛来猎取比婴猴更大的动物，还必须用更粗大的树枝来建造栖身的小屋。如果不使用工具，直立人——作为最早在地面生活的古人类，是无法完成以上种种活动的。直立人的门牙比较小，不能用来磨利长矛和挖掘棍，他们的手臂不像过树栖生活的祖先那般有力，无法折断足够大的树枝来建造庇护所。因此，他们需要用石头刮刀来打磨木器的尖端，并使用石刀、斧子或石锯来砍断树枝。就这样，直立人成了世界上最早的"木匠"。在这一过程中，他们成了最先用一种工具制作另一种工具的灵长目。最早的木工活动出现的年代，刚好是在直立人出现后不久。1981 年，伊利诺伊大学的劳伦斯·基利和尼古拉斯·托斯前往肯尼亚的库比佛拉地区，在150 万年前的石器上发现了木工留下的典型的抛光痕迹。2001 年，马德里大学的曼纽尔·多明格斯－罗德里戈和同事前往坦桑尼亚，在有着 160 万年历史的佩宁伊遗址发现了来自金合欢木的草酸钙晶体，晶体附着在石片和手斧的周围，表明这些手斧曾被用来做木工，上面的磨损痕迹证实它们曾被用于重型活动。

从表面上看，这似乎不是什么很大的进步，但使用石制工具雕刻长矛涉及人类想象力的一次转变，显示出智力和社会组织的重大进步。来自图宾根大学的米里亚姆·海德尔指出，黑猩猩制造长矛和早期人类制造类似工具，这两种活动乍一看似乎没什么不同，但实则存在巨大差异。无论在何时何地，只要需要用到长矛，黑猩猩着手就做，它们用手剥掉叶子、折掉侧枝，用牙齿把末端磨尖。早期人类用手斧制作长矛并没有比猩猩用手制作长矛复杂到哪里去，但这一过程确实涉及两个独立的步骤，且这两个步骤可能发生在不同的时间和地点：首先制作手斧，然后用手斧制作长矛。整个活动不仅涉及使用所谓的工作记忆整合过去的信息，还涉及用建构性记忆设想未来的行动。海德尔分析了这两种制造长矛的活动，她计算了黑猩猩和早期人类做一根长矛分别需要多少步骤，并对这些步骤进行了分类，最后得出了一张认知图。黑猩猩制作长矛需要 14 个步骤，涉及 3 个焦点，即黑猩猩本身、猎物和工具。相比之下，早期人类制作长矛需要 29 个步骤，涉及 8 个焦点。任务的复杂性增加了一倍多。

制作手斧或长矛的两个过程不一定由一个人完成。比如说，我有一把心爱的瑞士军刀，走到哪里都带在身上，但这把军刀是别人做的；同理，早期人类随身携带的手斧可能也是别人做的。这不仅表明直立人智力的发展，也许还证明了直立人群体内部存在着更复杂的社会组织。像海德尔这类分析的最大优势是，即使在没有其他证据的情况下，我们也能研究早期人类智力和社会凝聚力的发展。通过分析工具制造的进步，我们可以根据物体来推断人类智力的进化程度。

不过，以这种方式研究人类智力发展也面临着一大难题，那就是缺少木制工具实证。在最早的木工痕迹出现后的 100 万年里，我们没有发现任何真正的木器。所以我们不知道直立人究竟制造过什么工具。这导致许多人类学家怀疑木器是否真的如此重要，质疑早期人类是否具备狩猎能力。学者们通常认为，直到最近，智人都充其量只是"机会主义的清道夫"，只能抢夺大型食草动物的尸体，拿着小型刺矛将其他食肉动物从战利品上赶走。然而，令人兴奋的是，近几年考古发现了不少木制长矛，彻底改变了我们对早期祖先的看法。

慢慢地，人类开始在温度较低、湿度较大的地带定居，在这样的气候条件下，木器终于得以保存下来。欧洲之所以能在早期人类考古方面有如此出众的成绩，就是因为寒冷地区积累了潮湿、酸性的泥炭土，可以使木头等有机材料不腐烂，其保存完整度高到惊人。直到今天，8 岁时在丹麦奥胡斯附近的锡尔克堡博物馆看到保存完好的图伦男子木乃伊的恐惧仍然让我记忆犹新。他的脸看起来几乎像活人一般，下巴上还长着胡茬儿。这具 2000 多年前祭祀仪式受害者的尸体充满了令人不安的死亡暗示，让我被噩梦纠缠了数月。

有记载的最早的木器是克拉克顿矛，它是由业余史前史学家塞缪尔·哈兹丁·沃伦于1911年在英格兰埃塞克斯郡有着45万年历史的沉积物中发现的。这一激动人心的发现让我们得以一窥早期人类的木工能力。这根"长矛"实际上是一块40厘米长的紫杉木碎片，属于一个更大木器的尖头部分，人们推测原来的那个木器可能是一根挖掘棍或长枪，也可能是一根矛。仔细检查后发现，这块碎木是均匀地从一端收尖到另一端，所以最有可能是矛。英国南安普顿大学的约翰·麦克纳布和汉娜·弗鲁克开展了复现该长矛制作过程的实验，实验表明，这根长矛是用遗址中发现的一种叫克拉克顿手斧的大型刀片状工具刮削木头顶端做成的。如果刮削的是放了很久的干燥木材，整个过程将耗费两小时，所以他们推测，该长矛很可能是树枝刚折下的时候做好的。麦克纳布认为，制作者也许还用到了火。长矛顶端可能被放在火的余烬中加热过，等外部烧焦后，制作者再将烧焦的部分刮掉。弗鲁克发现，按这一流程，只需短短45分钟就可以完成对长矛尖端的塑形。正如两位学者指出的，古人类在制作该长矛时，可能用到了"火硬化"原理。为了验证这一想法，我让本科学生迈克尔·陈去研究了一下"火硬化"对木材产生的影响。迈克尔把榛子树枝的一半放在烧烤架上加热，一半慢慢自然风干，然后比较两者的力学性能。他发现，加热确实使木材变硬了一点，因为加热会让细胞壁中的半纤维素结晶，但同时，木材的韧性也降低了一半。这可能就是克拉克顿矛顶端断裂的原因，也说明了"火硬化"对制作木器并不是特别有用。可能古人类相信，烧一下可以把火的能量转移到工具上，由此对武器的威力信心大增。

20世纪90年代，一项考古发现彻底颠覆了我们对早期狩猎技术和早期人类生活的看法。从1982年开始，德国下萨克森州遗产署的哈特穆特·蒂姆就一直致力于保护汉诺威和舍宁根附近的一个旧石器时代中期的考古遗址，该遗址由于当地进行大规模露天褐煤开采而岌岌可危。1995 年秋天，蒂姆和他的同事在一个湖的前岸开展挖掘工作时，惊奇地发现了一批雕刻精美的木器和 20 多匹马的尸体。其中 7 件木器可以很明显地看出是投掷矛。这些长矛是用枝干较细、生长缓慢的云杉幼树做成的，1.5 米~2 米长，3 厘米~4 厘米粗，两端逐渐收细，最宽处在长矛的 1/3 处，与现代奥林匹克标枪非常相似。随后对复制品进行的实验表明，这些长矛在投掷飞行过程中表现稳定，可以投 20 米远。马匹骨骼上的撞击伤痕表明，它们就是被这些长矛击中身亡的。

蒂姆发现的大量长矛和尸体说明，该遗址很有可能是一个伏击区。这些古人类可能是海德堡人，也可能是和我们关系更近的尼安德特人，他们集体出动，在旱地和水源之间设下埋伏，然后将这些马匹宰杀，不过这些马匹可能不是在同一时间被杀死的。总的来说，这些考古发现充分说明了古人类木工能力的成熟度。他们善于使用木材，能够构想出长矛的形状，并用石器将脑海中的形状切割打磨出来；他们能够组织高效的狩猎队，利用猎物的生活习性，在可确保自身安全的距离内，从远处投矛杀死它们。

在舍宁根发掘的一些木器似乎是某种工具的手柄部分。个别木器的尖端有凹槽，这些凹槽可能是用来嵌入石片，使其成为更有效的切割武器。这种结合了木柄的强度和硬度以及石头锋利度的"复合工具"在其他地方也出现过（包括非洲的诸多遗址），它们标志着旧石器时代中期的开始。被发掘出的典型复合工具叫作石尖矛，是深受好莱坞青睐的一种武器，在与穴居人相关的电影中，早期人类经常被刻画成威胁挥舞着武器的形象。后来，尼安德特人和早期智人不再使用锋利的木制矛尖，转而开始在矛的前部用一种尖锐的石头，就像手斧一样，他们在木柄末端切出凹槽来放置石头，还会用到动物胶和筋腱的混合物加以固定。因此，复合矛的制造过程非常复杂，包括好几个独立的任务或模块：准备绳子、熬制胶水、打磨石尖、在手柄上切割凹槽、完成组装。这一活动表明，尼安德特人具有更强的组织能力、技术能力以及更高的智慧。扪心自问，如果没有经过长时间的训练，我是无法完成如此复杂的任务的。

但令人不解的是，使用这种复合矛似乎没有什么特别大的优势。许多人类学家做实验比较了石尖矛和普通木矛的杀伤力。这些在猪的尸体或弹道凝胶上进行的实验，过程一定非常清晰。尽管在实验者的预想中，石尖矛穿透肉体的能力会更强，但实验结果似乎并没有证实这一点。木头和石头的硬度都比皮肤大，所以它们都能轻松地切开皮肤。还有一些研究显示，普通木矛甚至比石尖矛穿透力更强。不过也有一些实验表明，石片更宽大的石尖矛给肉体造成的伤害更大，这可能是因为它割开的伤口更大，流血更多。但复合矛还有一个缺点，那就是石尖部分脆弱易断，需要经常修补。而它最大的优势可能就是石头的密度更高、重量更大，会让整个武器的重心前移，就算安装在较短的圆柱形手柄上，投掷效果也很好，同时，它也可以当作刺矛使用。因此，复合矛既可以在近距离使用，也可以在远距离使用，既可以当作进攻性武器，也可以用作防御性武器。

但无论是木矛还是复合矛，它们的射杀距离都很有限。人类的手臂短小，需要更快速地收紧手臂肌肉，才能以最佳速度将矛向前、向上投掷出去。此外，用于加速手臂和手掌的能量中，大约有一半被浪费了，这就限制了我们投掷物体的速度。所以，无论是哪种类型的矛，能投掷超过 27 米的人很少。不过，好在我们的祖先想出好几种方法来克服这个问题，让狩猎更加高效，他们中的大多数人采取的办法是借助工具延长手臂长度。

20世纪80年代，在撒切尔夫人把南约克郡煤田的矿井关闭之前，年轻矿工们有一个特别的爱好——掷箭。他们把绳子的一端绕在箭杆尾端，另一端缠在食指上，把绳子顺着箭杆绷紧，手抓在箭杆前端，然后把箭扔出去。扔的过程中，手指先松开箭杆，绳子会继续给箭加速，直到绳子从箭杆上松开并脱落。绳子有效延长了矿工的手臂，使他们在投掷时能够给箭注入更多的能量，将其掷到180米或更远的地方。

想用完全相同的技巧来投掷长矛比较困难，因为绳子给单根手指施加的力量会过大。不过，古希腊人也使用过类似的方法。古希腊轻盾兵用的标枪比传统重装步兵的更轻，可以投得更远。投枪时，他们会借助一种叫作"阿门塔"的皮绳，把皮绳绕在两根手指上，然后把标枪投出去。后来我们了解到，从大约2.3万年前开始，旧石器时代晚期的智人也采取了同样的方法，但他们用了一种特殊的工具来固定绳子。从20世纪初开始，考古学家就时不时挖掘出带有装饰的木杆或鹿角杆，这些杆子较宽的一端都钻有一个孔。起初，考古学家们无法断定这些杆子的用途，默认它们是用于举行某种仪式的器具，并且由于它们的样式和权杖很像，考古学家还将其命名为"命令之杖"。后来，有研究人员认为它们是用来拉直长矛的，因为长矛刚好可以放进杆子一端的孔里。然而，这种拉直工具似乎没什么存在的必要，因为没有它，长矛也很容易被拉直。幸运的是，世界各地有许多奉行实践出真知的"原始技术"业余爱好者。他们大多拥有丰富齐全的工具设备和出众的动手能力，会在自己家中或棚屋里做实验，有人会将自己的发现自行发表出来，或者做成有趣的视频传到"油管"（YouTube）上。他们发现，如果将绳子穿过木杆上的孔，然后握住离孔较远的一端，就可以像矿工掷箭一样投出小一点的长矛或飞镖，并将其射程扩大到55米左右。在法国蒂尔萨克著名的马德莱纳岩棚出土的"命令之杖"碎片，进一步证明了这类木杆就是按上述说法使用的。碎片上雕刻着一个简单的图案，一个人拿着一个飞镖，准备用木杆把飞镖投掷出去。所以，"命令之杖"其实是一种投矛器。

使用投矛器可以把长矛投得更远、更精准。投矛器是在旧石器时代晚期出现的，现如今在中美洲、南美洲（被称为梭镖投射器）和澳大利亚（被称为标枪投掷器）仍被广泛使用。投矛器是一根15厘米~45厘米长的棍子，尾端有一个杯状结构或挂钩。使用时，将长矛固定在弯钩处，把投矛器置于长矛水平下方，投掷者的手握住投矛器前端。如此一来，投矛器充当了手臂的第3个关节，然后手臂和手腕共同发力，借助投矛器往前使力，将长矛或飞镖投掷出去。投矛器的力学原理与现代养宠物狗用的抛球杆相同，抛球杆可以让宠物主人轻松地带狗狗玩球锻炼。借助这一工具，我了解到了梭镖投射器的长度和其投掷效果之间的关系。我的硕士生汉娜·泰勒拍摄了家人和朋友使用抛球杆的视频，他们用的抛球杆的长度是可调节的，他们分别投掷了不同重量的球并测量对应的投掷距离。她发现，投重量轻的球时，把抛球杆长度调长效果是最好的，但是随着球的重量增加，最佳长度也会缩短，因为人们的手腕不够强壮，用长杆投重球会非常吃力。许多人仍然喜欢使用传统的梭镖投射器，他们还会参加世界梭镖投射器协会举办的比赛。根据维基百科，投掷梭镖投射器的世界纪录是258.6米，这一惊人的成绩是由美国密苏里州的戴夫·英瓦尔在1995年7月15日创造的。

此外，还有一种扩大木器杀伤范围的技巧，那就是将棍子本身作为手臂的延伸，将其旋转着投掷出去，就像给宠物狗扔棍子一样。这种技巧能有效提高棍子投掷出去时的初始速度，但当棍子在空中旋转时，由于空气阻力增加，它减速的速度远比长矛要快。不过，这一问题已经被澳大利亚的原住民解决了。他们发明了各种各样的回旋镖，这些回旋镖都有着流线型的横截面，可以帮助减少飞行过程中的阻力。夹角更大的回旋镖被设计为直线飞行，在180米左右的距离内都能致命，而夹角更小的回旋镖投掷出去后会飞回主人身边。

在所有木制武器中，杀伤力最强的是弓箭。弓箭首次出现于非洲大约是在6.5万年前，但欧洲方面的一些研究表明，弓箭的历史只能追溯到大约2万年前。拉弓不是依靠手臂和肩部肌肉快速收缩产生的能量，而是利用这些肌肉缓慢收缩时产生的更大力量和更多能量。当我们拉动弓弦时，弹性势能被储存在弓中，松开弓弦时，这些能量被释放出来将箭射出。弓的复杂力学原理及其生效方式已经有了很多相关论述，但这个过程其实很简单。弓拉满时，弓弦向后绷紧，一旦释放，用来加速弓臂向前的能量转移到箭上，把箭射向远方。随着弓弦被拉满，根据三角学原理，即使是弓臂的微小运动，也会导致箭的大幅度运动。当箭被释放时，弓臂恢复静止状态，几乎所有的弹性势能和动能都传递给了射出去的箭。

与我们先前了解到的所有其他木制武器相比，弓箭有三大主要优势。首先，由于我们的肌肉在缓慢收缩时产生的能量更大，因此拉弓可以向箭传递更多的能量，箭能射出270多米远（根据维基百科，在国际射箭标准规则下，目前射箭的世界纪录为283.47米，该纪录由美国人马特·斯图兹曼于2015年12月9日在得克萨斯州麦金尼的TPC克雷格牧场创造）。其次，由于拉弓动作缓慢而平稳，可以更好地瞄准，所以箭的准确度也比长矛更高。再次，由于从正面看，弓箭手的动作幅度几乎小到不可见，对猎物来说远没有投掷长矛的猎人那么显眼，所以弓箭是一种更利于隐蔽的武器，它很快就成了草原狩猎者的首选，在最后一个冰期结束时的中石器时代，弓箭也受到了密林中的猎人的青睐。

弓箭是非常有效的武器，但制造起来比石尖矛要复杂得多。玛莉兹·洛姆·巴德和米里亚姆·海德尔计算过，制作一套完整的弓箭涉及 10 大流程，共 102 个步骤。从黑猩猩的挖掘棍，到智人的石尖矛和弓箭，人类在狩猎工具制作技术上取得了很大的进步。从近距离猎杀小型灵长目，到杀死约 200 米开外的大型有蹄类动物（和其他人类），人类的猎杀能力也得到了大大加强。木制武器的发展使人类成了顶级掠食者，能使周围的动物大规模灭绝。在我们学会通过耕种改造环境之前，我们就已经能用木制武器杀死各种野兽，如欧洲的猛犸象、披毛犀和巨型麋鹿，亚洲的巨型红毛猩猩，北美洲的乳齿象、马和貘，南美洲的巨型地懒和犰狳，以及澳大利亚的巨型袋熊和袋鼠。随着制造工艺逐渐优化，弓箭从普通木弓慢慢发展成紫杉长弓，直到 15 世纪，它都仍然是最有效的大规模杀伤性武器，帮助英军在克雷西会战和阿金库尔战役中两次大胜法军。

第二部分

木材与文明的建设

第5章

清理森林

自新石器时代起，人类通过耕种土地首次给环境带来了重大影响，如果说这一时期有什么象征物的话，那一定是手工打磨的石斧。事实上，关于欧洲新石器时代的主要历史叙述可以称作"斧子的故事"。世界各地的博物馆里都能看到古人类手工打磨的石斧，如果可以亲手把玩一番，千万要抓住这个机会。经过打磨和抛光，这些石斧外表光滑而圆润，拿在手里时，紧紧贴合着手掌，沉甸甸的。石斧的斧刃较厚，并不锋利，顶端慢慢收尖，底端则成半球状。我们现在已经知道了这些斧子的用途，但它们起初被发掘出来时，并没有引起古文物研究者和收藏家的注意，大家都不知道这是何物。不过这也难怪，毕竟它们的样式和如今的斧子差太多。现代斧子的斧刃要更窄也更锋利，而这些古石斧，光从外表很难猜到它们是用来切割东西的。它们被埋在农田里，被农民挖了出来。农民以为这是神明在暴风雨期间遗弃的神物，将其称为"霹雳"。后来，学者们又断定这些石斧是祭祀用品，因为一些细长的斧刃似乎常被用来作为祭品献给神灵；在新石器时代的长方形墓穴中，经常发现一些器物标本作为陪葬品埋在里面。

直到最近60年，我们才开始意识到新石器时代的斧子在切割木材方面有多么有用。从清理森林，到在世界各地普及耕作，再到建造最早的农场、村庄和城镇，石斧在人类文明崛起过程中发挥了举足轻重的作用。在本章，我们将了解人类对各种材料的成功应用以及技术上的进步，同时，我们将继续关注木材对人类文明发展的影响。

如果1.5万年前没有出现全球性的气候变化，手工打磨的石斧可能永远不会被制作出来。上一章中我们谈到，在最后一个冰期，当时仅存的古人类——智人已经有了非常先进的狩猎技术，能够猎杀平原和苔原上的大型野兽。但是，随着间冰期开始，气候变得更加温暖潮湿，森林面积逐渐扩大。在北半球的欧洲、亚洲和北美洲，人们不得不改进他们的武器，以猎杀鹿、野牛和野猪等森林中体型较小的食草动物。他们放弃了沉重的石刃，把更小、更锋利的燧石片（被称为细石器）装到了飞镖上，并给弓箭换上了精心雕刻的箭头。另外，他们还需要制作工具来切割树干和树枝，以便在森林中开辟出小块空地，在那里他们可以建造营地，空地上长出来的新鲜植物还可以吸引猎物。他们会像北美印第安人那样，用锯齿状的石刀锯断小树苗，印第安人直到今天还在用这一方法。但是用这种简陋的工具伐木，既耗时间，效率也不高。但凡树木直径超过2.5厘米，锯起来就会很费劲，花的时间也更长。为了砍倒生长在北方的大树，中石器时代的欧洲古人类把小一点的燧石片嵌到木柄上，做出了特伦切特石斧。在北美洲也出现了类似的情况。密西西比河的道尔顿人制造出了用玄武岩做刃具的锛子，这种工具的样式像斧子，但刀刃与手柄成直角，而不是平行的。就像投掷矛一样，斧子和锛子有效地延长了伐木者的手臂，使其能将更多的能量传递给斧刃。想要把树砍倒，伐木者必须按一定角度向下挥舞斧子，不断劈向木头，直到将树干砍断。持续向一个切口反复劈砍，树干上就会形成一个楔形切口，在该切口周围重复这一操作，被劈砍的部分就会变得像铅笔尖一样，最终树干完全断开。河狸觅食时，也是用同样的办法咬断树枝。

伐树能力的提高促进了一种全新的物质文化兴起，这种文化出现在世界各地绝大多数森林地区，其中，学者对中石器时代欧洲地区的研究最为翔实。考古调查表明，因为善于伐木，中石器时代的人就能够建造宽敞的圆形房屋。2002 年，克莱夫·沃丁顿领导团队在诺森布里亚海岸附近的豪伊克进行挖掘，发现了一圈房柱留下的压痕。研究表明，这是一个圆形小屋的遗迹，小屋直径约 6 米，可以追溯到公元前 7600 年。英国广播公司资助了该遗迹的重建工程，重建的房子从外面看像一个圆锥形帐篷，但实际上结构更复杂。首先，要把短一点的松木埋进桩洞里，然后再用其他木头在其顶部固定连接成一圈。这一结构是为了支撑细长的桦木杆。桦木杆的底端放在地上，中段靠在松木圆环上绑紧，顶端交会于小屋中心上方。最后，把桦木用更小的树枝捆在一起，盖上草皮。这种房屋设计在不同年代均有出现。2008 年，在英格兰北约克郡发现了著名的斯塔卡中石器时代的营地遗址，那里有一座建于公元前 9000 年左右的小屋，外形与豪伊克的那间非常类似。

被砍倒的整根木头可以继续沿径向劈开，变成更薄、更有用的横梁和板条。劈木头最简单的方法是沿径向将木头按饼状切分，因为在这一方向上，裂缝沿射线方向穿过树干中心脆弱的髓，只需稍微用力就可以把木头劈开。具体操作方法是，在树干的两端和侧面插入木楔，然后用锤子敲开一条裂缝，反复敲击直到彻底劈开。在斯塔卡，古人类用劈开的木头铺了一条通往湖边的小路，木头平整的一面朝上。对半切开的木头也可以用同样的方法切成 4 份、8 份，乃至更小的木片。大多数树种的树干，也可以沿切向切割成木板，不过操作起来要困难一些，因为要破坏射线细胞，需要更多的能量。然而，2007年在英国怀特岛的博尔德诺尔悬崖，人们在有着8000年历史的沉积物中发现了一块沿切向切割的1米长的橡木，这表明中石器时代的人类就掌握了这项伐木技术，比考古学家推测的早了数千年。

掌握了新的木工技术后，为了提高灵活性和狩猎能力，古人类制造出了两种完全不同类型的船。研究证据表明，在北方森林中，驯鹿猎人制造出了第一批水上交通工具，这种船的框架是用木头做的，外面裹着一层兽皮。动物向北迁徙进入斯堪的纳维亚半岛、西伯利亚和加拿大，猎人们也被迫随之而来。虽然没有完整的船遗留下来，但在后来的挪威岩画中出现了人类驾驶兽皮船的图样。在挪威的特隆赫姆峡湾，埃文舒斯的岩画上就画着猎人与他们捕获的猎物。而在雷帕尔峡湾，克瓦尔顺德的岩画上则画着两个猎人驾船猎杀一只游泳的驯鹿。在更靠南边的德国，人们发现了中石器时代人类狩猎驯鹿的更早证据，还发现了一艘船的部分残骸。在汉堡东北部阿伦斯堡的一个距今1万~1.1万年的遗址中，人们发现了一个驯鹿头骨，其额头部位有一个洞，这个洞是由同一遗址中发现的一个鹿角短斧敲击造成的。想要如此近距离地接触这样一只强大的动物并杀死它，猎人必须在它游泳的时候悄悄划船靠近。时至今日，每当驯鹿迁徙时，北美的因纽特人仍采用这一方法猎杀它们，他们会把割下来的驯鹿肉通过风干或烟熏保存好。在德国石勒苏益格－荷尔斯泰因州的胡苏姆出土了一艘公元前9000年的船的骨架残骸，其形状就像弯曲的鹿角。在不来梅港的德国海事博物馆，专家学者根据残骸重建了这艘船。他们用的是与出土文物类似的鹿角框架构件，将其连接到由桦木条制成的木龙骨上，然后以现代因纽特人造皮划艇的方式用它们来支撑船的两侧。最后，用骨针在船身缝上兽皮，一艘轻巧灵活的船就这样诞生了，这便是世界上最古老的船的模样。

另一种完全不同的船是独木舟，由生活在更靠南的古人类制造，即中石器时代生活在欧洲低地的古人类和生活在密西西比的道尔顿人。他们砍下一棵树后，直接将树干挖空，然后当船使用。当然，整个过程并没有那么简单。他们必须把树干中部的大部分木头挖掉（要做到这一点，他们可能会用到火），如今的美国原住民采用的就是这一方法。烧焦后的木头可以轻易用斧子或锛子将其砍削挖除。目前发现的最早的独木舟是在荷兰的佩斯附近出土的，制造年代在公元前6300 年左右。这只木船不是很大，大概只有 2.7 米长，由一棵直径约为 45 厘米的松树制成，可以断定只能由一个人驾驶。独木舟在这一时期可能已经相当普遍了。博尔德诺尔悬崖发现的木板似乎只是中石器时代船只的一个部件。后来在欧洲各地的遗址中发现了更大的独木舟，造船技术在当时肯定发展得很快。事实上，到了公元前 4000 年，独木舟的建造者们已经改进了设计，开始将几个不同部件组装成一艘船。在丹麦的曲布林湾，人们发现了 10 米长、66 厘米宽的木船，船体由椴木制成，船体后端通过嵌板或横跨船尾的横梁得到加固、防止漏水。从美洲到非洲再到东南亚，独木舟在世界各地都很常见，直到现代都是一些地区主要的交通运输工具。

在欧洲有研究表明，有了兽皮船和独木舟，人类才得以开展长距离的货物贸易。考古学家之所以在一些遗址中发现了并不属于该地的物品，就是因为人们通过莱茵河及其支流航行到别处开展贸易。这也表明，早在如此古老的年代，木船就促进了长途贸易，带来了社会变革。来自斯塔卡和伊利诺伊州道尔顿遗址的证据表明，当时的人们已经定居下来，所以他们不是在转移营地，而是在进行货物贸易。

重新造林改变了北温带地区人们的生活方式，而在世界的其他地方，气候变暖和变湿则让人们的生活发生了更大的变化，促使人类迈出了推动文明发展最重要的一步——放弃狩猎采集，成为农民。最先出现这一变化的地方在亚洲西南部，其中最典型的是土耳其境内的安纳托利亚的丘陵地带。该地春天温暖湿润，夏天炎热干燥，冬天寒冷刺骨。这种干旱和寒冷交替的气候不利于树木的存活，却对那些生长速度快的一年生植物十分友好，它们在早春发芽，快速成长，然后在夏末前将所有能量注入种子。由于一年生植物无须像树木那样发育出木质组织，也不必像多年生草本植物那样在根部储存糖分，因此一年生植物的产量要比其他植物高得多；它们可以长出更多的果实和种子。人们一定居下来，便开始种植一年生的禾本科植物（大麦和小麦的祖先）以获取能量，种植一年生的扁豆、鹰嘴豆和豌豆等豆类以获取蛋白质，自此成了脸朝土地背朝天的农民。人们收割庄稼用的是简单的石镰，准备苗床用的是类似于狩猎采集者使用的挖掘棍和道尔顿人用的锛子。后来，耕地向更远的地方扩张，人们开始使用更复杂的工具。起初，祖先们向南进入新月沃土，来到了幼发拉底河和底格里斯河三角洲附近的季节性湿地。这里同尼罗河沿岸一样，每年洪水退去后都会带来新鲜的泥土，形成天然的苗床。后来，农业发展得越来越好，人们开始向西北方向迁移，来到底格里斯河和幼发拉底河谷之上的地区，那里的土地更加干燥。人们肯定需要用到木铲来挖掘灌溉渠，并使用木桶和桔槔等起重装置将水输送到耕地上。新月沃土迅速成为世界上第一批文明的粮仓，诞生了第一批大型定居点。

亚洲中部的大草原，冬季寒冷干燥，夏季多干旱，只有多年生的草本植物才能在那里繁衍生息，耕作农业很难向东拓展。因此，这里成了牧民的天下，到处是绵羊、山羊和马匹。但更西边的土地却是农作物生长的好地方。地中海地区冬季气候温和，春季温暖湿润，为一年生作物的生长提供了理想的条件，再靠北边是欧洲中部和东北部，那里夏季温暖湿润，也很适合农作物生长。唯一的问题是，这些地区的气候条件同样很适合树木的生长，如地中海地区的橡树、角豆树等常绿阔叶树，以及北欧地区的山毛榉、白蜡树和小叶椴等落叶树。种植庄稼之前，人们必须把耕地清理干净。这在地中海地区并不是难事。因为这一地区的树木中含有芳香化学物质，它可以帮树叶抵御夏季的干旱，但也会让树木变得易燃。人们可以在干燥的夏季通过烧除植被来清理土地。正因如此，农业在希腊的低地、意大利的南部和西班牙的对岸发展相对迅速。

不过，在中欧和西欧，清理树木要困难得多，因为这些地区的气候更潮湿，树木长得更粗壮，更难燃烧。所以人们不得不通过砍伐来清理树木。他们其实也可以像印第安人一样，先环割树皮，然后在树干周围点火，以便砍伐；或者还可以让牛或猪吃掉新长出来的树苗。然而事实证明，特伦切特石斧还是不适合用来砍树。虽然斧子的斧刃很锋利，但它们的表面粗糙，很容易卡进树身；而且由于砍伐时的冲击力会集中在斧刃上，斧头还容易断裂。石斧构造简单，体积小，重量轻，在粗大的树干上砍不了多深。后来，那些成功穿越欧洲向西北迁移的人，通过为该地区带来他们的耕作技术和另外两项技术革新，解决了这个长久存在的难题。

他们制造出了独具特色的陶器，雕刻出线条做装饰，因此他们的文化被考古学家称为"线纹陶文化"。另一项更重要的创新是，他们不再使用燧石制作石斧，而是改用颗粒更大的变质岩或火成岩（如玉石、绿岩、玄武岩或流纹岩）制成的厚重的斧头。他们不再通过敲击来为石头塑形，而是将其先打磨再抛光，因而斧头表面更光滑，但不是特别锋利。显然，更重的斧头会提升斧子的性能，但不知道创造了线纹陶文化的祖先为什么要如此费力地去打磨、抛光一把石斧，为什么要花几百个小时做一把看起来不怎么好用的斧子？要解答这个问题，我们需要测试一下这种石斧的现代复制品。经过开拓性的实验考古学测试，人们发现抛光的斧子确实比传统的特伦切特石斧更好用也更耐用。然而，即使是用抛光石斧，砍断一棵树也还是很费时间。例如，20世纪50年代初，斯文·约根森和他的同事发现，一个人用抛光的石斧需要80天左右才能清除4000平方米的橡木林地，其效率是使用现代钢斧伐木的1/4。抛光石斧的使用方式与特伦切特石斧基本相同，都是反复呈斜角砍向树干，木屑横飞，直到砍断。

尽管考古学家的实验性重建很有用，但并没有告诉我们为什么抛光石斧能够切割木头，也没有告诉我们斧子的最佳形状是什么样的。因此，为了进一步弄清楚这个问题，我决定研究一下石斧的设计，先从理论角度对劈开木头的过程进行分析，然后用不同形状和特性的金属楔子做简单的切割实验。我和学生在英斯特朗万能材料实验机上测试了将榛子树粗枝对半劈开所需的力和能量。我的学生若昂·奥利维拉通过实验得出了一些令人惊讶的结果。与宽而厚的楔子相比，薄而锋利的楔子切割时需要的初始力较小，但它们需要更多的能量来劈断木头。这是因为，劈开木头耗费的大部分能量是用来克服楔子和木头之间的摩擦。由于薄而锋利的楔子在劈柴时可能会插进裂缝深处，因此必须用更大的力量才能把它们拔出来，而这样会产生更多的摩擦。宽而厚的楔子切割时不会嵌入裂缝深处，拔出来时产生的摩擦力更小，需要的力量也就更小。由此我们可以知道，抛光石斧虽然没有锋利的斧刃，但这并不影响它的砍伐效果，因为在伐木过程中，斧刃尖端接触木头的时候很少。另外，我们可以预见到，与表面粗糙的楔子相比，表面光滑的楔子劈木头时产生的摩擦力更小，耗费的能量也就更少。研究结果表明，新石器时代的抛光石斧宽大而光滑，非常适合用来劈砍木头。我们如今用来砍柴的斧头都效仿了抛光石斧的设计。现代劈柴斧也有着宽而重的斧头，刃角约为35度。千万不要试图用普通钢斧劈柴，因为钢斧的刀刃很窄，很容易卡在木头里。

前面提到的这些变化对斧柄的设计也会产生影响。毕竟，如果钝斧头能劈开木头，那么在劈砍过程中，在反作用力下，斧头不断嵌入木柄的孔中，斧柄可能会胀裂开来。考古学家在做实验时，也一直碰到这一问题。我们新石器时代的祖先同样为斧柄胀裂的问题所困扰。1997年，在剑桥郡的埃顿发现了一根斧柄，柄身沿着斧孔边缘纵向裂开，显然是被使用者丢弃了。但新石器时代的人们似乎已经知道了如何最大限度地避免这种情况的发生。他们会在斧柄上开一个很宽的孔，让斧头卡在孔中，以确保在使用斧头劈砍时不会产生横向力。另外，人们还会经常加固斧头和木孔的衔接处，防止木头裂开，孔也会开在木头比较厚实的地方。新石器时代的人们还精心选择木头的类型。他们一般会使用木质坚硬的橡木，并沿切向开孔，增强木孔顶部和底部的牢固性，防止裂缝的形成。在博登湖附近的新石器时代湖边村落发现了一批斧子，这些斧子的斧头被塞进鹿角塞里，鹿角塞又被塞进斧孔。鹿角塞起到了减震作用，减少了传向斧柄的冲击力。

还有其他方法可以让斧头和斧柄连接得更加牢固。美州原住民会把连接处绑起来，在斧头和斧柄的末端缠上绳子（既能稳定斧头，也

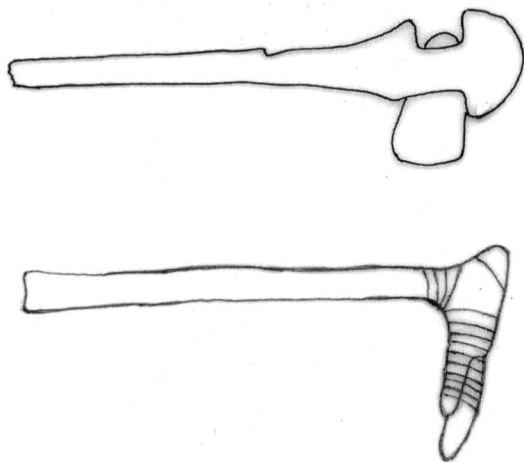

新石器时代的木工工具的设计。舒利沙德石斧（上）的斧头
固定在较粗的孔中。锛子（下）的锛头则被绑在树枝的一侧。

能防止斧柄裂开），做成我们熟悉的战斧。后来在欧洲，人们还制造
出一种完全不同的石斧。他们把斧头做得又厚又重，用木钻在上面开
了一个圆孔用来固定木柄。伦格特·埃尔堡和他的团队成员最近在德
国北部进行的实验表明，这些"锤子斧"可以像现代斧子一样用来砍
伐树木。水平方向挥动斧子，与树身成 90 度角地砍过去，粉碎木材
细胞，砍出一个大凹口。

　　但斧子只是线纹陶文化创造者们制作的几种木工工具之一。在
这些工具中，最常见的一种是锛子。利用树枝的分叉结构，锛头可以
更有效地被安装在木柄上，比制作石斧更容易。古人类充分利用了树
木加强其分枝连接和分叉的方式，顺自然之势制成锛子。最近，我已
经毕业的博士生邓肯·斯莱特开始研究锛子的设计，他是英国普雷斯
顿迈尔斯科学院的树艺学（树木整形）讲师。邓肯称，为了防止连接
处裂开，树枝分叉处的木纤维细胞向着两根树杈的方向相互缠绕。新

石器时代锛子的锛头绑在 V 形树杈外侧的凹槽中，形成了一个牢固的关节。德国萨克森自由州考古遗产办公室的伦格特·埃尔堡和他的同事发现，线纹陶文化创造者们制作了各种尺寸的锛子，它们安装在木柄上的角度各不相同。实验表明，锛头呈锐角安装在木柄上的大型锛子，可以举过头顶再向下挥动把树砍倒；而锛头呈钝角安装在木柄上的锛子，像中世纪时期的锛子那样去使用效果更佳：把木头立稳，纵向挥动锛子，沿着纹理把木头劈开，再进一步砍成方梁。更窄小一点的锛子用来将木梁雕刻成各种形状，或者用来把树干凿空，做成独木舟。此外，新石器时代的人还会做凿子，制作方法有两种，一种是把小石斧或海狸牙齿绑在木柄的两端，另一种方法是把牛的长骨磨尖。

抛光的石器特别适合用来切割木材，沿纹理切割效果尤佳。威塞克斯考古公司的菲尔·哈丁，用一整套新石器时代的工具成功复现了1982 年在苏格兰刘易斯岛发现的舒利沙德石斧手柄的制造过程：先劈下一段橡木，削出手柄的形状，然后用凿子凿出凹槽，用燧石穿孔器钻出榫眼，最后给手柄打磨和抛光。一整套流程花了大约三四天，

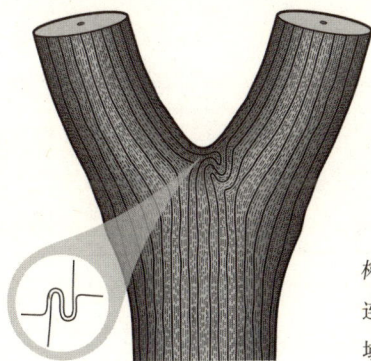

树杈的结构。纤维在树杈连接处相互缠绕，让该区域变得更加坚硬。

但有经验的新石器时代木匠的操作速度会更快。线纹陶文化创造者们能制造出比斧柄更大、构造更精致的器物。他们将两根木料做一个简单的十字连接，在底端安上一块尖石头，制成了最早的犁。然后再给牛套上木轭，让它在前面拉。这样的简易犁就能把土犁松，方便用来种植谷物。

线纹陶文化创造者们最令人惊叹的成就是他们的木制建筑，这是最早的多人居住房屋。目前尚未发现完整的——甚至是部分的——新石器时代建筑存世，但是根据地上留下的柱洞和墙板凹槽，我们大概能了解到他们住所的底层平面设计，这使得考古学家能够重建当时的房屋。比如说，在捷克共和国的维斯塔里考古公园，学者就重建了线纹陶文化时期的长屋。这间屋子长约50米，宽约10米，屋顶由内部的3排柱子支撑，而外墙则由一排较细的柱子构成，这些柱子上开有凹槽，建筑者将水平木板放入其中。这类长屋重建起来很容易，因为从留下的遗迹来看，这类长屋不仅与那些保存较好的盎格鲁－撒克逊人的房屋非常相似，构造也很像年代较近的使用石器时代技术建起来的木屋，比如美国西北部太平洋地区切努克人和五大湖地区易洛魁人建造的长屋、东南亚地区的竹制长屋、亚马孙部落的村庄建筑，以及新西兰毛利人的礼堂。内部的3排柱子可以支撑起斜屋顶；中央柱子上方的栋梁和外部柱子上面的檩条支撑着与外墙相接并悬垂在外墙之上的椽子；最后，用木板条铺满屋顶，盖上木瓦、茅草或草皮。这些建筑只需将木柱连接起来或用绳索固定就可以立稳。长屋很有可能是由集体共同建造而成的，其木雕装饰也和易洛魁人、毛利人的建筑很像。

最近的一项考古发现让我们对线纹陶文化时期的复杂木工技术有了进一步了解。2011年，德国弗赖堡大学的威利·泰格尔和他的同事在德国东部的线纹陶文化遗址中挖出 7 口井壁，它们在缺氧土壤中被完整地保存了下来。这些井呈方形，由橡木板制成，约有 1 米宽，制成年代大约在公元前 5000 年。橡木板是先用小型锛子凿平，然后用木接头（现代木匠仍在使用这种接头）连接起来的。底层框架的木板用榫卯结构紧紧连接，然后将木销穿过榫头来固定。在框架结构的高处，木板中间开有槽口，可以与低处的框架衔接起来，其原理就像在商店里买的木制恐龙拼接模型一样（也很像我们小时候玩过的林肯积木小屋）。井的整个设计表明，7000 年前的人们在木工上已经非常熟练，能够使用复杂的技术来建造精细的结构。唯一美中不足的地方出现在木板的两端。由于所用工具不够锋利，新石器时代的人们很难横向切断木板。他们的钝头楔形刃具根本无法精确切割木材。因此，在木板的两端都可以看到焚烧的痕迹，必须烧到足以切断它们才行。

英国出土的新石器时代后期的房屋比线纹陶文化的长屋要小，通常只有一个房间，面积大约 25 平方米，只能容纳一个家庭居住。但最近又有考古发现表明，这些小房子里都配备了很好的家具。如果不是在苏格兰北岸奥克尼群岛上著名的斯卡拉布雷村挖掘出石墙房屋，我们可能永远不会知道这一点。如今奥克尼群岛上几乎没有树木，在新石器时代的森林被人类清除之前，那里的树木也长得相当矮小。当地人用另一种更容易获得的材料——泥盆纪时代河流三角洲地区古老的红砂岩——来建造房屋的墙壁。红砂岩很容易被劈成细长的石板。在斯卡拉布雷，房屋都建得很集中，每个屋子都有 60 厘米厚的石墙，有着由珍贵木材支撑的斜屋顶。在荒凉的苏格兰高地和岛屿上，木屋顶对居民的生存至关重要，所以在 19 世纪中期，"高地清洗"^①事件中最残酷但最有效的方法就是烧掉佃农的屋顶。在斯卡拉布雷 7 号房屋里，门对面的墙上有一个看起来像梳妆台的东西，它是由直立石板支撑着两排水平放置的石板制成的，很像现代的 CD 架或书架。左墙边是石制的"箱形床"，形似现代农庄和小船上的床。这些石头看上去是用来模仿木板的。这一猜测也因后来考古学家在巨石阵附近的杜灵顿墙挖掘出木屋遗迹而得到印证。因为不仅是地上的柱孔和墙槽与斯卡拉布雷的石墙屋相同，连家具的位置都完全一样。看来，当年的建筑者们也和今天一样，喜欢按同一套的施工计划建房子。

新石器时代早期的人们使用成熟树木的树干和从原木上劈下的厚木板建房子。但后来，他们发展出一种新的林地管理方式——矮林作业。通过矮林作业培育出的小直径树木更容易处理，使用它们可以更快地建造房子。橡树、白蜡树、栗树、榛树等阔叶树和其他一些针叶树被砍断后不会死亡，相反，休眠芽会从树干中重新萌发出来。吐出的嫩芽会快速向上生长，迅速延长并变粗。在轮作过程中，人们可以反复收获嫩枝，从而获得直径和长度一致的木材。与把小树培育成大树，砍掉后挖出树根再种植新树苗的做法相比，矮林作业有几个优点。首先，砍掉树干后，保留的根系可以为新枝提供水分。所以，砍伐后的第一年，新枝就会迅速生长。其次，无须通过长长的树身一路向上输水，矮林的新枝比大树的树枝能得到更好的水供应，可以更快地生长。由此，人们在单位面积的土地上能收获更多的树木。所以，矮林

---

① 高地清洗（Highland clearances）是苏格兰历史上发生的大量佃农被从高地和群岛驱逐的事件。——编者注

作业成了供应木柴或木炭的理想育林方法（关于木炭，我们会在下一章中提到）。另外，矮林的新枝比普通树枝生长得更快，叶子间的距离也更远。我的博士生塞雷·厄兹登发现，矮林作业会让新枝长得比普通树枝更直、更坚硬，因此它们的用途也更加广泛。

在新石器时代，人类还有一个重要的"第一次"，那就是第一次修路，修路时使用的矮林树枝也是人类进行矮林作业的最佳证据。1970年，在英格兰西部萨默塞特平原的格拉斯顿伯里附近，人们在干涸的泥炭沼泽地中发现了一个线性结构的木制建筑，依照发现者的名字雷·斯威特将其命名为"斯威特古道"。后来这条古道被证实是一条木制的人行堤道，方便该地区居民在湖边村庄之间往来走动。这条人行道是由40厘米宽、3米长的橡木板拼接建成，木板是从有400年树龄的老树上劈下来的。这些木板由橡木、白蜡木和榆木的矮枝交叉支撑，然后再用其他较细的枝条将整个结构固定在一起。根据对这些木板所做的树轮年代学测定，这条古道的建成时间约为公元前3806年。人们在英格兰低地还发现了其他古道，最早的一条是建于公元前3838年的"邮政古道"。

新石器时代的人们将矮林作业收获的树枝用在各种地方，比如做成工具的把手，其中应用最广泛的是柳条编织工艺，这是人类树栖生活时期树枝编织技能的发展和延续。不过，柳条编织工艺需要更强的组织能力，首先要用粗枝条打一个平行的框架，然后用细枝条以适当的角度在其中穿来插去。此外，人们还会把榛子枝条制成的榛条板和篱笆用作栅栏和大门，把牛和猪拦在矮林外。篱笆还可以用来制作房屋的轻质墙；把柳条板夹在半木制房屋框架之间，再糊上泥或石膏，就可以制成抹灰篱笆墙。如今，人们仍然制作篱笆。首先将一排圆杆插入一个木制模板的孔中，然后用1/4圆杆粗的较细的枝条在圆杆间来回缠绕，缠绕至最后一根圆杆时再从另一个方向绕回来。当编织工作完成后，就可以把篱笆整个拎起来，钉在有需要的地方。实践证明，细嫩的柳条更适合用来编织。新石器时代的人们做出了各种各样的柳条制品，除了篱笆外，还有捕鱼器、篮子等。

还有证据表明，新石器时代的农民用柳条和皮革制作了轻巧的圆形小船，非常像现代的爱尔兰小圆舟。古希腊旅行家和历史学家希罗多德就曾描述过这种工艺，后来人们还发现了这种小船的陶制模型。新石器时代，人们可能就是用这些小船来开展贸易，因为在欧洲各地的河流沿岸，人们都发现了用来做锛子和斧子的石片，这些石片均产自多瑙河附近的采石场。在公元前6000年至公元前4000年间，农民们很可能就是乘着这些小船在欧洲进行漫长的迁徙。他们乘船来到多瑙河支流的顶端，带着这些船越过分水岭，最后再乘船沿着欧洲西北部的河流向下游漂流。当然，掌握柳条编织工艺的不仅是欧洲人，这是一项遍布世界各地的技术，就像斧子和锛子一样，被多次独立发明出来并广泛共享。

尽管木工技术的进步对近东地区农业的发展并没有起到关键性的作用，但对农业在欧洲的传播却至关重要。改进的石制工具帮助迁徙的农民清除了土地上的树木，开启了一种全新的生活方式，使他们能够在欧洲大陆上迁移和殖民，其人数规模远远超过狩猎采集者。尽管农业在不同地方出现的时间不同，但世界各地的情况大概一致。人们培育了不同品种的农作物，发展了不同的耕作形式，对各自所在地区的森林产生了截然不同的影响。例如，在日本，早在3万年前就出现了打磨抛光的石斧，但最早的永久性定居点和杂谷种植在公元前6000至公元前4000年才出现。在中国，耕作大约是在公元前7000年开始的，北方人种植小麦，南方人种植水稻。在美洲，玉米、豆类和南瓜是主要作物，但耕作方法差别很大，有些甚至不需要清理森林。新英格兰的许多部落在森林中种植作物；而加利福尼亚州的温图人和卡惠拉人发展出了一种"巴拉诺文化"，他们培育橡树林，以橡子粉为食。在非洲，高粱、粟和木薯是主要作物；而在新几内亚，主要作物是甘蔗和香蕉。

在世界各地，新型的磨制石器帮助人们清除森林、耕种土地，满足农民的各种需求，从建造大房子到给田地做围栏，从制作工具到制作家居日用品，最后再到建造船只和修路，到处都需要用到磨制石器。新石器时代的世界，尽管森林覆盖率比中石器时代低，但人们对木材的需求和使用却只增不减。长屋、木制家具、船只和纵横交错的道路的出现，都得益于人们对木材的灵活运用。

第6章

熔化和冶炼

　　如果说磨制石斧是新石器时代的标志，那么接下来红铜时代和青铜时代的标志就是用这类新材料制作武器装备，匕首、矛尖、盾牌和头盔都是其中的典型代表。从人类对武器的喜爱程度来看，有人会觉得人类各方面的进步和发展都是为了杀死同类，文明越发达，杀戮就越快越高效。我们的祖先能够用棍棒、长矛、弓箭等木器和石器杀死敌人，但使用金属武器似乎效率更高。不过，这一章要讲述的是金属促进和平的一面，我们将了解到近东地区和欧洲地区的人们是如何熔炼和塑造金属并将其用于和平的目的。正如我们将看到的，人们不仅使用木材来制造这些新材料，新材料也改变了人们种植树木和利用木材的方式。金属并没有替代木材在人类生活生产中的地位，相反，金属使人们变得更加依赖木材，木材使用量也增加了。这种新技术传遍了亚洲，然后传到了非洲，改变了旧大陆的文明进程，使旧大陆居民拥有了彻底领先于新大陆居民的优势。

　　然而如果不是因为我们掌握了陶瓷这类与众不同的材料，我们可能永远无法熔炼金属。在以农业社区的形态定居之前，人们一定就已经注意到了黏土的好处。黏土是一种常见的土壤，大多分布在河流和湖泊的两岸，它在潮湿状态下很容易塑形，干燥后又会变得很坚硬。人们在史前时期就已经掌握了它的使用方法。黏土可以糊在柳条墙上，让墙体免受风吹日晒；也可以和秸秆混合在一起被塑造成砖块，放在阳光下晒干就能使用。大约在公元前2000年到公元100年，人们用晒干的秸秆泥砖建造的房屋在新月沃土上十分常见，这种材料弥补了该地区木材的匮乏。用土坯建造的房屋在世界各地的干旱地区仍然很普遍。如果有防雨措施，黏土在较潮湿地区甚至也能使用。在英格兰西南部多雨的德文郡，用碎石和泥巴建造的房屋非常常见，每座房屋都顶着可爱古朴的悬挑茅草屋顶，以遮挡德文郡的绵绵细雨。有一次我去一个风景如画的小村庄参观一家奶油茶点店，甚至发现花园的一堵围墙上都有一个茅草屋顶用来防雨，那个场景让我至今难忘！

不过，还有一种更好的方法可以使黏土砖防水，那就是把它加热。黏土矿物由片状云母组成，在自然状态下，它们以相对较弱的氢键结合在一起；去除或添加水分，将分别加强或减弱这种连接。如果将黏土加热到482摄氏度以上，所有水分都会蒸发，黏土颗粒会永久性地牢牢结合在一起。这时，黏土就变成了像饼干一样的固体，不再怕水，也就是我们说的陶器。不过，陶器的孔隙较多，还是很脆弱。当继续加热到982摄氏度以上时，一些化学物质会熔合或玻璃化，使黏土颗粒连接在一起，形成一种新的材料——炻器，它非常坚固，而且不透水。

人们在很久以前就学会了如何制作烧制陶器；最早的黏土雕塑是在捷克共和国摩拉维亚地区出土的多尔尼·维斯顿尼斯的维纳斯，这是一个10厘米高的女性雕像，其年代为旧石器时代晚期，距今约3万年。不过，史前黏土壶出现的时间更晚，最早一批发现的黏土壶碎片出现在东亚地区，距今1万~2万年。在其他地方，黏土壶直到新石器时代才大量出现，因为它们不仅重，还很脆弱，所以非常不适合到处走动的狩猎采集者携带。但当人们定居下来后，黏土壶的好处就体现出来了。由于能够防水，黏土壶可以用来储存干粮和存放液体，也可以放在火上烹调食物，新石器时代，人们的食谱变得更加丰富，开始做各种粥、炖菜和肉汤。用含沙量较大的黏土烧制的砖和瓦似乎是后来才出现的。公元前 6300 年左右，第一批烧制砖诞生于中国，在城头山遗址中被挖掘出土；公元前 3000 年，第一批屋面瓦在美索不达米亚地区取代了茅草屋顶。

制作陶器要克服的一大问题是，陶器要加热到足够高的温度才能获得足够的硬度和防水特性，加热的过程非常困难且危险。正如我们在第 2 章中看到的，用木柴烧火时，早期温度大约在 204~315 摄氏度之间，当挥发物蒸发掉，只剩下碳时，温度才会上升到最高约 593 摄氏度。新石器时代的人们在地洞中烧制陶器（这也是最早的窑炉），这是为了能够将温度提高到 815 摄氏度左右。然而为了获得持续的高温，人们做出了一大创举，他们将木柴转化成了一种由纯碳构成的全新的、密度更大的能量来源——木炭。

制作木炭的关键是将木柴加热到 315 摄氏度以上，让所有的挥发性化合物挥发掉，但当温度低于 482 摄氏度时，剩下的碳就会开始燃烧。为了实现这一点，人们一般采用的办法是控制燃烧时的空气接触。在最简单的木炭窑中，工人将木柴紧紧地堆在一起，盖上草皮，然后在木堆底部点火。燃烧可能会持续几天，在此期间，负责监督的工人会观察火堆，根据需要增加或减少通风量，以保持燃烧的最佳温度。烧制木炭是一个漫长又脏的过程，它会烧掉木柴 60% 以上的质量，并浪费掉一半以上的化学能，但是最后产出的纯碳块的能量密度是干燥木柴的两倍。木炭仍然保留了木柴的开放式细胞结构，使表面积最大化，为让氧气快速燃烧提供助力。比起使用木柴，使用木炭能帮助人们在不需要额外通风的条件下，将窑炉加热到 982 摄氏度以上，生产出更坚固、更防水的陶器。正是因为有了烧炭的窑炉，美索不达米亚的工匠们后来才能率先生产出另一种同样用途广泛的材料——玻璃。早在公元前 2300 年，他们就学会了用燃烧木柴或海藻产生的灰烬来加热沙子，熔化后的沙子会凝固成坚硬、有光泽的玻璃，而玻璃可以再次熔化，用来装饰陶器、做成陶器的防水层，打磨成珠宝或制成容器。

在旧大陆，木炭最重要的用途是熔炼金属。因为木炭是由高活性的碳元素构成的，如果将其用来燃烧金属氧化物，除了加热之外，还会把矿石中的氧气除掉，从而产生纯金属。不过，人们使用的最早的金属并不是以这种方式制成的。在安纳托利亚山区，人们发现了自然铜，通过加热和用石锤敲打为其塑形。铜结合了石头和木材的一些优质特性，人们对这种新金属的需求迅速增长。如今，我们已经知道了铜的特性与它的原子结构有关。像铜这样的金属是由相同原子的晶体组成的，所以它们几乎和石头一样坚硬。除此之外，金属还有另外一个优点。金属的结构并非无懈可击，在结晶基体中存在着断层和位错。当材料受压时，这些断层就会穿过材料，缓解局部压力并吸收大量的能量。所以，金属在受到压缩应力时，可以被锻造或轧制成薄板，这种特性被称为展性；当受到拉伸应力时，金属就会被拉伸成线条状，这种特性被称为延性。最重要的是，吸收了如此多的能量后，金属会变得比木材更坚硬，不像木材在不同的纹理方向上硬度不同，金属在每一个角度上的硬度都是一致的。它们可以被塑造成各种有用的工具，并且能抵抗弯曲力不被折断，成为用途丰富的理想材料。早期的工匠很快发现，金属可以用来制作细长的切割工具，通过用石头刮擦、反复打磨，可以给金属磨出锋利的边缘。金属的唯一缺点就是密度高，其密度是木材的几倍，但大多数金属与同等重量的木材一样坚硬牢固，甚至更加出色。

随着对铜需求的增长，人们发现某些石头在炭火中加热后会释放出纯铜，觉得非常神奇。到了公元前 5000 年早期，保加利亚和塞尔维亚的人们开始开采铜矿，冶金学家很快意识到，他们可以先将金属熔化，然后将其倒入先前用来塑造和烧制陶器的模具中，最后得到金属工具。在这一过程中，人们再次用到了木炭——木炭可使金属硬化并赋予它耐热性。借助这种单一的木材衍生物提供的动力，冶金学家获得了全新的超级材料，并用它来铸造器物。新的时代拉开序幕（至少在近东和东欧是如此），这个时代被称为红铜时代或铜石并用时代。

铜虽然是一种很好的材料，但也有一个缺点，就是太容易发生位错，虽然它很坚硬，但也相当柔软。铜制刀片非常容易变钝或卡住。因此，在后来的 2000 多年里，冶金学家们开始将铜与其他金属结合，从而得到全新的、硬度更大的合金。早在公元前 5000 年，伊朗地区的人们就开始使用砷元素。掺入 0.5%~2% 的砷就能使铜的刚度增加 15%~30%，提高加工硬化的效率，制造出更好的切削工具。不过，砷是有毒的，而且合金化过程很难人工控制。从公元前 4000 年中期开始，人们通过在铜中加入 12% 的锡，开发出了一种更优质的合金——青铜。这种坚硬、耐腐蚀的金属，很快成了制造工具和武器的首选材料。唯一需要解决的是锡的供应问题，锡比铜更加稀有，而且这两种金属很少会在同一个地方出现。早期的欧洲冶金学家不得不建立一条供应链，将锡从英国、德国或西班牙转运到东欧，在那里将锡和铜熔合制成青铜。

人们很快开始利用铜和青铜的特性来改进工具、增加库存，特别是那些他们需要用来砍伐树木和处理木材的工具。到目前为止，最常见的早期金属工具是斧头。1991 年，在奥地利和意大利交界的南蒂罗尔冰川中发现了冰人奥茨[①]，他死于公元前 3300 年左右，他的木制背包中不仅有一把燧石刀，还有一把铜斧。这把金属斧头的斧刃比当时的石斧更窄，需要重新设计斧柄。由于斧刃太薄，无法像石斧头那样塞进直柄的孔中，它被安到一个由树枝分叉处制成的手柄上，构造就像新石器时代的锛子。斧头的后半部分安装在树枝末端的一个槽里，并用皮带绑紧。在青铜时代早期，人们一直都用这种方法制作斧头，这种斧头也被称为"青铜凿"。但是木柄上的凹槽显然还是不够稳固，因此，后来又发展出了新的造斧方法，人们将斧头铸成空心的，把斧头像手套一样直接套在树枝上。再后来，青铜时代后期的斧头和锛头的底端有一个插孔，可以安装在直的木柄上，与现代的斧子非常相似。

无论斧头的安装方式如何，毫无疑问的是，新的金属斧子要远远优于古老的磨制石斧。宾夕法尼亚大学的詹姆斯·马蒂厄称，青铜斧砍断树的速度比石斧快大概两倍，与铁斧一样快，砍伐技巧与现代伐木工人使用的类似。水平挥动青铜斧并砍入树干，青铜斧细长的刀片可以切出更窄的切口。石斧没入树干的平均角度为 85 度，而青铜斧为 70 度，可以减少约 25% 的木材浪费。

青铜锛很快就在木工工具箱中有了一席之位，因为它在沿着木纹刮削和雕刻木材方面的表现比石锛更佳。另一个更受青睐的工具是青铜凿。由于青铜有很好的抗拉性，所以青铜凿可以做得比磨制的石凿更细长；而且由于它们质地更坚硬，所以能承受更大的锤击力。切

---

① 1991 年在奥地利和意大利边境附近的奥茨塔尔阿尔卑斯山脉发现的一具天然木乃伊。——编者注

割木材的深度和准确度都得到大大提升后，人们可以制作出大小精准的木工构件，如榫头、卯眼、接头和燕尾榫。巧合的是，铜和青铜工具恰好与两种木工技术在同时代出现，这两种技术在后来改变了旧大陆的运输方式，推动了国际贸易的兴起，它们就是造船技术和造轮技术。

我们在上一章中提到，新石器时代的木船完全可以在河流和湖泊上短距离运输人员和货物。然而新石器时代的圆形船在结构上是不稳定的，而且受制于树干的直径大小，这些船的尺寸有限，船体既窄又低，所以永远不可能在海上航行。要解决这一问题，就得将木板拼接起来，增加船的宽度或深度，或将两者同时优化。要想在衔接的木板间实现防水，使用钝石工具是很难做到的，但有了锋利的青铜工具，这个问题就能迎刃而解了，难怪最早的木板船出现在青铜时代。想让独木舟变得更稳定，最直接的方法是将船体从中间劈开，然后在中间增加一块或多块木板。这种做法一直被北欧造船者采用。后来，人们在海岸地区的泥土里发现了许多保存较好的青铜时代的船，其中，在英国发现的数量最多。

在这些船中，最著名、最古老的是 3 艘费里比船。20 世纪 30 年代和 40 年代，两名学生泰德·莱特和威尔·莱特在约克郡亨伯河的河口北岸发现了这些船，那个地方离我家只有几千米。造船用的木板最早可以追溯到公元前 2000 年。这些船是用弯曲的紫杉木缝合起来的，但它们设计最精妙的地方在于木板间的衔接。橡木板通过层层的榫卯结构紧密结合在一起，连接处由木楔固定，这些木楔被嵌在厚木板上雕刻出的平行夹板中。最后，船匠们给船体加上弯曲的内部框架来稳定整体形状。费里比船长约 15 米，宽约 1.82 米，可运载 3.3 吨的货物。1888 年，在亨伯河河口的另一端又发现了一艘平底船——

布里格木筏，表明即使在 3000 年前，船的设计也是多种多样的。这艘布里格木筏显然是用来运输牲畜的，它穿梭在安科姆河上，进出布里格镇，这座小镇至今仍有马市。

这些布里格木筏只能用来在英国内陆的水路中运输货物，不可能跨越英吉利海峡和地中海进行长距离贸易，但在青铜时代，人们一定驾驶着海船穿越过这些区域。海船上满载着从英国西南部康沃尔郡开采的锡，人们把锡运送到各个青铜冶炼工业中心，以金属铜命名的塞浦路斯就是其中之一。1987 年发现的多佛尔船便是当时使用的海船，因为只剩下残骸，所以无法确定它的长度，但肯定比费里比船要宽得多。

在地中海地区很少发现青铜时代早期的船，这并不奇怪，因为船在那样的自然条件下很难保存下来。尽管如此，我们知道那里一定有过船。1975 年，水下考古学先驱彼得·斯罗克莫顿在伊兹拉岛海岸附近的爱琴海底部发现了基克拉泽斯陶器。虽然装载陶器的船早已腐烂，但这肯定是公元前 2200 年左右的沉船遗迹。幸运的是，另一艘青铜时代的木板船保存了下来，它让我们对这一时期复杂的木工工艺有了一定的了解。1954 年，考古学家卡迈勒·马拉赫在胡夫金字塔旁边的一个墓坑里发现了建于公元前 2500 年左右的胡夫的陪葬太阳船，虽然船体被拆分开了，但部件很完整。由于古埃及的树很少，所以它不可能是造船业的中心，古埃及的船主要用来在尼罗河的上下游转运货物。然而即使是在如此早期的古埃及，其船只的设计和制造水平也相当高。这艘船由大量黎巴嫩雪松短木板制成，所有木板都有编号，由精准的榫卯结构组装而成。在埃及文物部首席修复师艾哈迈德·优素福·穆斯塔法的带领下，该船被精心地重新组装起来。它长约 43.5 米，宽约 5.9 米，据说是为了带着复活的国王穿越天堂而建造的。虽然这是一艘仪式用船，而非工作用船，但它充分展示了青铜时代造船师们必备的能力。

古埃及人的造船方法与1000年后地中海地区人们使用的方法很相似。1982年，土耳其考古学家在土耳其西南部发现了一艘青铜时代晚期的船——乌鲁布伦沉船，其历史可以追溯到公元前1400年左右。长达15米的船体采用的是与胡夫船相同的材料和榫卯结构。这艘船载有一批铜锭，很可能是从塞浦路斯运往迈锡尼，这再次证明了木板船已经开辟了贸易网络。地中海之所以能成为西方文明的熔炉，造船技术的发展居功至伟。船只载着人员和货物乘风破浪，自由而快速地驰骋于广阔的海洋之上，为大城市提供物资，丰富了人们的物质生活，促进了知识的发展。如果没有巨轮从古埃及运输小麦，为古罗马市民免费供应面包，古罗马帝国政权就不会如此稳固。后来，木板船在阿拉伯、印度和远东地区也发挥了同样的作用，它们维持着对帝国的协调发展至关重要的通信和贸易联系。

青铜工具不仅提高了造船效率，对造车轮而言也必不可少，而车轮的出现改变了陆上交通方式，让机械变得更具实用性。人们观察发现水果和其他圆形物体可以在地面轻松滚动，所以想到了用轮子来帮助移动物体。人们通常认为，从球体发展到轮子的中间阶段是用滚木来移动石头。但最近又有观点称，古代人是通过滚动重石本身来运输的。迪克·帕里认为，古埃及人在搬运建造金字塔的石头时，是在石灰石块四个侧面绑上弯曲的木制支架，然后再将石头滚到施工现场。与此同时，马恩岛的工程师加里·拉文提出，先人建造巨石阵用的可能也是类似的技术，但他们是用柳条笼将这些著名的青石从彭布罗克郡普雷塞利山的采石场向北运到300多千米外的威尔特郡的。英国埃克塞特大学的安德鲁·杨则认为，人们是先搭了木轨，在轨道上放上石球，然后将青石放于石球上方拖拉向前。不过，考古学家达成了一个共识，那就是那些大石头是放在橇上拖运的，就像古埃及墓室壁画上描绘的那样。此外，建筑师们还用尽各种方法来减少摩擦力。古埃及人会把水倒在沙子上让其表面湿滑，新石器时代的英国人在拖石头前，会把脂肪用作润滑剂抹在轨道上。

轮子的运动方式介于滚动和滑动之间。与木橇不同，轮子在运动时，轮辋不需要在地上滑动，但轮子确实会绕其轴滑动，并且这一运动会受到摩擦力的影响。但轮子在一定程度上会减小阻力，因为发生摩擦的地方靠近车轮的旋转中心，而轮轴比地面更容易得到润滑。车轮直径越大，轮轴越纤细光滑且方便润滑，轮子就转得越快。为了承受弯曲力，木制轮轴必须有一定的厚度，直径大约为 2.5 厘米~5 厘米；为了制造一个高效的轮式车辆，古时候的车轮工匠必须造出直径超过 50 厘米的车轮。你可能觉得这很容易（我的编辑竟然也这么想！），你觉得只要像切香肠一样从树上切一个圆盘下来就可以了？不幸的是，无论是在新石器时代，还是在青铜时代，这都不可能做到。没有锯子就无法从树上切下木块，当时没有任何一种工具可以将这么大一块木头横向切开。即便切下来了，用整块木头制成的车轮也没法使用。这种轮子会非常脆弱，很快就会从中间裂开，而且就算它们从未用来拉过货也会裂开。这是因为木头在干燥过程中会收缩，每个方向上收缩的程度不均匀。由于大多数纤维素微纤维是沿木头纹理方向排列的，因此木头沿纹理方向上的收缩率远远低于反纹理方向上的收缩率，前者约为 0.1%，后者约为 4%~8%。而且由于木射线也被纤维素纤维加强，木头在径向上的收缩率只有切向上的一半。因此，木盘干燥后会呈放射状开裂，形成约 15 度的楔形裂痕。所以，用树干切片制成的车轮根本无法滚动。事实上，所有用新砍伐的木头制成的房梁，干燥后都会裂开，这就是为什么粮仓的木柱和老房子的顶梁上总是有裂痕，不过好在这些裂痕并没有实质性地削弱建筑结构的稳定性。

最早的车轮就是直接从树干上劈下木头然后凿出轮子的形状。这些轮子本来是可以用的，但由于它们的尺寸受到树干直径的限制，所以都做得很小。因此，到了青铜时代，大多数车轮是由2块或2块以上（通常是3块）的木板连接而成的。这种设计的困难之处在于连接处要做得足够结实，要不然车轮就会垮掉。为了克服这一问题，青铜时代的车轮工匠在车轮表面凿出大大的矩形榫眼，将尺寸合适的木条嵌入其中后楔紧。虽然连接处还是比较脆弱，但起码可以投入使用。

所有这些过程都需要精细的木材加工，所以我们在考古中获得的关于车轮的最早证据要追溯到公元前3500年（铜制工具已经出现很久，青铜工具开始变得普及），就不足为奇了。车轮几乎同时出现在了两河流域的苏美尔地区、高加索地区和东欧地区。有文字记录表明，四轮马车是最早的车，它是由木橇的设计改进而来的；在原始印欧语文字中，"马车"这个词的每个角都有圆圈，而"木橇"和"马车"的写法基本相同。最早的关于轮式车的证据见于公元前3400年的一件陶器，这个陶器是一个布洛诺西罐，出土于波兰南部，罐身上画着一辆带轮子的车。迄今发现的最早的车轮是卢布尔雅那沼泽地车轮，其年代约为公元前3150年。这个车轮直径约为71厘米，由2块白蜡木制成，并用楔子连接在橡木轴上。可推测，这是一种两轮推车，车轮围绕着车轴旋转，车轴在车底的凹槽中旋转。青铜时代后期，人们制造出了带有固定轴的马车和手推车；他们必须在轴的两端安装大的轮毂，让车轮能在不脱落的情况下独立自由地旋转。这种设计更复杂，需要更精湛的木工技能，由于两边车轮的转速不一致，车辆在转弯时更容易转向。

随着车轮的普及，在世界各地，尤其是土质较软的潮湿地区，人们开始修路。最早的人造道路是在美索不达米亚的乌尔发现的，年代可以追溯到公元前4000年左右。在青铜时代的欧洲西北部，道路已经从新石器时代的狭窄木轨发展成了更宽的木板路。这种路最早出现在公元前3000年左右的德国和荷兰，制作方法很简单，就是在地上铺设一排对半劈开的圆木，每根木头大约3.6米~4米长，圆的那一面朝下。后来在爱尔兰的柯隆博尼又发现了一条人造道路，其年代可以追溯到公元前2550年左右，它的结构更为复杂，每条木轨之间相隔1.5米，都被牢牢地钉在地面上，和现代的火车轨道很像。

在本书后面的章节中，我们会谈到船舶和轮式车的设计发展历程，但在此处值得强调的是，金属工具对船和车的发明起到了至关重要的作用，冶金业发达的旧大陆和没有冶金业的新大陆的对比就是最好的证明。当西班牙征服者在16世纪入侵中美洲和南美洲时，他们发现了一个拥有高度复杂文明的大陆，但这块大陆上的人们却从未开发出青铜或铁等硬金属。不过，虽然没有硬金属，印加人、阿兹特克人和玛雅人还是建造了巨大的金字塔、宏伟的城市，制作了精美的陶器和精致的金饰。

虽然新大陆的文明在各方面都很先进，但这一时期始终没有发明出木板船。印加人穿越的的喀喀湖运输巨石靠的是芦苇筏子；阿兹特克人在复杂的运河系统中运输人员和货物用的是长达15米的平底独木舟；玛雅人在墨西哥湾进行贸易使用的也是类似的船。直到最近，人们还认为在欧洲人征服美洲之前，美洲从未建造出木板船。然而，我们现在知道了有两个例外。加利福尼亚州圣巴巴拉海峡地区的丘马什人造出过简单的缝制木板船，名字叫作"托莫"，这种船长约7.6米，宽约1.2米。丘马什人造船使用的工具是石头和贝壳，虽然其制作工期长达6个月，但确实比邻近部落造的独木舟更适合航海。类似的船还有"达尔卡"，是由智利海岸乔诺斯群岛的岛民制造的，该群岛位于南纬47度左右。达尔卡是由3块落叶松木板缝合而成的，颇像青铜时代早期大不列颠造的船。

这些与世隔绝的部落是怎样建造木板船，又是如何学会建造如此先进的船只的？一些考古学家认为，这些部落的造船传统可能是从与波利尼西亚人的接触中引进的，后者开发出了制造简单木板船的技术。波利尼西亚人把巨型贝类的壳做成锛子的刀片。人们发现，软体动物的壳要比石头硬得多，因为贝壳在受到外部压力时，其自身构造会将外力分散，增大断裂功。所以，薄薄的贝壳刀片在承受外界弯曲力时的表现与金属刀片一样好。此外，还有其他一些证据表明美洲沿海部落的造船技术是从波利尼西亚人那里传来的。首先，这些美洲部落距离波利尼西亚群岛最东边的夏威夷群岛和复活节岛非常近。丘马什人的造船传统可以追溯到大约1300年前，刚好是波利尼西亚人最早到达夏威夷群岛的时候。波利尼西亚人从几千年前开始种植红薯，这些红薯很可能就来自美洲大陆；而在同一时期，丘马什人开始使用复杂的鱼钩，这些鱼钩和波利尼西亚人用的一模一样，这说明两个群体之间显然有过接触。除此之外，从语言学上也可以发现两个群体接触的迹象，比如说，"托莫"一词并不像是丘马什语里的词汇，但似乎与夏威夷语中表示"有用的树"的那个词有关。一想到木工技术还可以提供有关世界殖民化的线索，就觉得十分有趣。

众所周知，无论是运输货物，还是制作陶器，伟大的美洲文明都没用到过车轮。印加人用背包或美洲驼等大型动物来运送货物，像古埃及人一样用木橇拉大石头。美洲的居民从未像旧大陆的人那样制造过轮式车，这倒不是因为新大陆的文明没有发明轮子。像阿兹特克人就做出过带有黏土车轮的儿童玩具，但他们从未想过用木头做轮子，更别说把轮子安装到木橇上。大多数评论家把这种疏忽归结为两个原因：第一，美洲地区的地形太过复杂；第二，没有拉两轮或四轮马车的牲口。这两个原因都不能令人信服。毕竟尽管欧洲大陆多丘陵，征服这块大陆的定居者们还是发明了车轮；而中美洲的一些地区，例如墨西哥城和尤卡坦半岛的地形出了名的平坦。但是，除了上述两个原因外，我们还应该看到一个更关键的问题。欧洲的许多青铜时代的车，包括发现的最早的车在内，都是手推车。即使需要手动推拉，轮式车也非常有用。在北美洲，平原印第安人用狗来拉"travois"（用帐篷杆子制成的简单雪橇）。所以更有可能的原因是，仅使用石器制造木车轮所遇到的技术困难阻碍了这些文明发展轮式运输。

因此，从本章我们可以发现，新技术并不会取代旧技术，而是会启发人们将旧技术应用到新的方面。就红铜和青铜而言，这两种新材料带来的主要影响，就是让旧大陆的人们能够更有效地利用木材这一主要材料，彻底改变了他们的运输网络，使他们在物流方面取得了巨大的领先优势，这种优势在5000年后帮助他们发现新大陆并征服那里的原住民。

第 7 章

建设社区

只需参观一座生态博物馆，我们就可以直观地看到木材在我们祖先的生活中占有多么重要的地位。生态博物馆旨在重现祖先的生活情境，在世界各地都有，而且设计基本相同，主要由一些旧建筑组成，其中包括重建的村舍、农场、作坊、小村庄，甚至整个大村落。为了让效果更逼真，建筑里还摆放了各种家具、工具、器皿和装饰品，炉子里甚至还燃着熊熊火焰，感觉像是仍住着人一样。我很喜欢这种博物馆，到世界各地参观过很多座。我第一次去生态博物馆的时候才 8 岁，那座博物馆在丹麦语里叫作"Frilandsmuseet"（弗里兰兹），位于哥本哈根郊区。最近一次是在我 56 岁时自己开车去的，那是一座位于卡迪夫城外的圣法根国家历史博物馆。除此之外，我还去过加拿大落基山脉的搬迁村，也去过加里曼丹岛的亚庇。有的博物馆里面有基于考古遗迹重建的建筑，如西萨塞克斯郡的布瑟古农场，我个人最喜欢的是英格兰萨福克郡的西斯托盎格鲁－撒克逊村，它既隐秘又充满乐趣和魅力。我目前还没有去过美国的生态博物馆，但我的编辑告诉我，弗吉尼亚州的威廉斯堡非常值得一去。

参观生态博物馆不仅能获得纯粹的快乐，还能满足我们的好学之心和怀旧之情，让我们享受新鲜的空气，和好友畅聊奇闻趣事。参观这些博物馆，游客们会有两大感受。首先，从 3000 多年前的铁器时代到 200 多年前的工业革命时代，人们的生活变化很小。在许多农村地区，人们的生活方式几乎没有变化，还有一些地方似乎仍然停留在前工业时代。其次，普通乡村居民的生活极其依赖木材。他们的房子要么是用木头做的，要么至少是用木头打的框架，屋顶上盖着木瓦片。家具几乎清一色是木制的——木床、木桌、木椅和木橱柜，厨具也不例外——木桶、木壶、木杯、木碗和木勺子。屋外的仓库里堆满了用来取暖和做饭的劈开的木柴。在农场里，手推车和马车等运输工具都是木制的，犁、干草耙、鹤嘴锄和镰刀等农具的手柄也是木制的，水磨和风车等动力装置绝大多数是木制的。即使有少数物件不是木制的，也都是用木制工具制造的。铁制切割工具、锅、铁盆都是用木炭冶炼得来的；布匹是在木制纺车上纺的，在木制织布机上织的；皮革是用树皮鞣制而成的。

然而在很多方面，木材是一种没有"前途"的材料，它很难被做成三维结构复杂的物品。与黏土或金属不同，木材塑形起来非常困难。复杂的木制品要么是由几个部件组装而成的，要么是直接从一大块木料雕刻出来的。而且，由于木材具有各向异性①，其在横向上比纵向上要脆弱得多，所以雕刻起来很麻烦并且易开裂。因此到目前为止，本书提到的木制工具如长矛、挖掘棍、弓箭和独木舟等，基本都是由原生树枝或树干制成的，这样设计是为了让它们像用来制造它们的树木一样抵抗弯曲力。这些工具证明了我们祖先的聪明才智，以及铁这种新的金属材料的优点。铁开辟了一个全新的木器世界，让人们过上了更加温暖、舒适的生活。

人类最早使用铁大约是在 5500 年前，他们将稀有的陨铁块敲打

---

① 指物质的全部或部分物理、化学等性质随方向的不同而有所变化的特性。——编者注

塑形，做成珠子和其他珍贵物件。古埃及法老图坦卡蒙的陪葬品中就有一把铁匕首。然而，直到公元前1500年左右，人们才在烧炭的窑中把铁冶炼出来。事实证明，炼铁要比炼铜困难得多，因为铁的熔点超过1200摄氏度，所以它不能在炭火中熔化并浇铸到模具中，它得加热到1090摄氏度左右才会变得足够软，工匠才能把它锤打成想要的形状。随着铁匠们的手艺逐渐精湛，铁的两个优势也就显现了出来。

先说铁的第一个优势。这种新金属的力学性能比青铜更佳，加工后可以制成更精细、更耐磨的切割工具。铁匠们打铁时，巧合之下在铁中加入了矿渣，就好比纤维素纤维加固了木材细胞的细胞壁一样，这些矿渣纤维让铁变得更加坚硬，人们将这种材料称作"熟铁"，它比纯金属更耐腐蚀，既坚硬又有韧性。

再说铁的第二个优势。铁矿石在地壳中的含量比铜和锡要大得多，因此可以在当地开采和冶炼。由于工匠制造铁器的成本要比制造青铜器更低，所以制铁技术得到迅速传播。从中东发现冶炼铁器开始，到公元前1000年左右，铁器已经传遍欧洲，在公元200年至公元1000年之间，到达撒哈拉以南的非洲。

最早的铁器其实就是青铜木工工具的铁质翻版——如斧子、锛子和凿子，使用方式也同后者一样，树刚被砍倒时，木头还保有一定的水分，木工们将木头劈开、塑形、雕刻接头。一些行业在新的技术开发出来很久之后，还会沿用这些古老的技术。事实上，绿色木工[①]工艺一直传承到了今天，并且早已被证明非常适用于建造结构较大的桥梁、房屋和船舶等。

---

① 一种使用未经处理的、未干燥的木材制作各种木制工艺品的工作。——编者注

人们发现，使用木材最好的方式就是尽量不改变它原来的形态和结构。在序言中我曾提到，船舶的桅杆基本上就是一根完整的树干。人们只需要把树砍倒，剥去树皮，装在船上即可，非常方便。此外，这样做还能最大化地利用木材的力学性能优势。在刮大风的时候，树干实际上是预先受力的，它能帮整个树身抵御风。木材有一个小缺点，由于它是由中空的细胞组成的，所以其抗压缩能力比抗拉伸能力更差，比例大概是1:3。当受到过度挤压时，细胞会在强负荷下皱缩。为了克服这一缺点，树木会预先在外部施加张力。在树木的生长过程中，外层发育完全后会试图收缩，但由于外层结构与内层结构相连，所以又无法收缩。因此，处于预张力状态的外部细胞会给内部细胞施加压力。这就导致了一种纵向预应力模式，即树干的内部被压缩，外部被拉伸。这种结构使树木能够在暴风中屹立不倒。虽然树干的迎风面受到更大的拉伸应力，但木材细胞可以轻松应对。这带来的好处就是，在背风一侧，拉伸预应力减少了细胞需要承载的压缩力。因此，树木在暴风天气中的弯曲程度几乎是它没有预应力时的两倍，

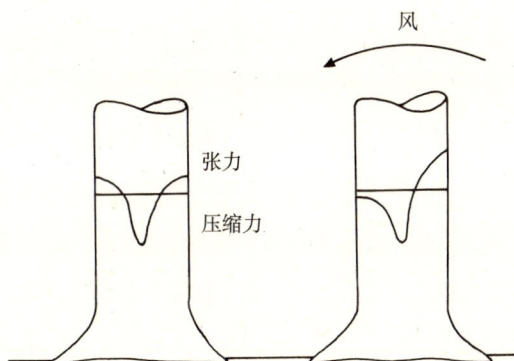

树干的预应力让树干的外侧处于预张力状态，中间进入压缩状态（左）。当风将树身吹弯曲时，这样可以减少树干背风面的承载的压缩力（右）。

并且可以抵抗几乎两倍于后者的风载荷。所以，用树干制成的桅杆和帆桁可以很好地抵御各种风暴。

不过，当我们砍树的时候，预应力便成了一个问题。用斧子或锯子把树干的底部砍松时，预应力就会做出反应。树干外部纵向收缩，树干内部膨胀，导致树干的下端向外弯曲，使树干沿着纵向裂开，出现林业工作者所说的"摇晃"现象。桉树等大型树种特别容易出现这种问题。这不仅使澳大利亚的桉树不能用来做船桅（英国殖民者对此非常震惊），而且由于树干在被砍伐时可以向外弹出近 1 米~2 米，所以砍伐它们容易出人命。

实心原木也可以用来制作房屋的框架和桥梁的构件。大多数木桥都比较短小，且结构简单，可以用原木作为简单的横梁来抵抗弯曲力。然而在宋代，中国人发明了一种形式独特的编木拱桥，桥梁跨度近 60 米。这种著名的桥由两组多边形的木制拱形构件组成，构件之间用简单的榫卯结构连接，相互交织在一起。原木被绑在两个拱形构件之间，让结构牢固稳定，桥面上铺一层木板路，然后在桥顶搭上雨棚保持干燥，这种样式和新英格兰的廊桥异曲同工。根据历史记载，第一座木结构虹桥是由山东青州知州夏竦在 1032 年到 1033 年建造的。描绘北宋都城东京的名画《清明上河图》中也有虹桥。这一时期的桥梁虽没能留存下来，但建桥传统仍在乡村地区延续着，在中国东南部的福建和浙江两省，现存 100 多座这样的美丽建筑横跨峡谷深河。

橡木结构的房屋也是在绿色木工传统中建造的，不过后来建造者用得更多的是凿成方形梁的木材。我们在第 5 章中提到过，在新石器时代，木匠将柱子埋进地里来建造长屋。人们用这些柱子来支撑外墙和中间的栋梁，墙壁和栋梁又为椽子提供支撑，椽子进而撑起整个屋顶。欧洲大陆的建筑者们沿用了这种建房方法。但在青铜时代和铁器时代，不列颠的农民又重新建起了圆形房屋，其外形与中石器时代的屋子差别又很大。长期以来，考古学家们都对这一现象感到困惑，只能将其解释为一种特殊的英国时尚。然而，在我看来，这可能是因为不列颠相对缺乏木材。当时的不列颠人口密度较高，森林覆盖率已经下降到25%左右，对农民来说，砌上抹灰篱笆墙，把房子做成圆形以使周长最小化是合乎情理的。圆形的外墙搭配圆锥形的屋顶，就不再需要一根长长的房柱支撑在中央。人们只要将椽子与一圈水平放置的短木杆捆扎在一起，就可以防止椽子向外推墙，以及避免屋顶中心下陷。这些短木杆的作用就像雨伞的雨布一样，可以帮助维持圆顶的形状。

房屋建造者们一直都很保守，但过去几百年来，他们确实在房屋设计上做了两项重大改进。首先，他们意识到建筑之所以只能维持20到30年的时间，一是因为房柱底部干湿交替的环境为真菌生长提供了理想条件，二是因为地基顶部腐烂了。找出原因后，杰出的建筑师就在木柱底下增加了石头基座。有了屋顶遮挡雨水，有了石头地基隔开湿润的土壤，如今他们的建筑能够屹立百年不倒。

木制建筑的第二个伟大进步是屋顶桁架的改进。在新石器时代的长屋中，支撑屋脊的柱子使居住空间变得杂乱无章，但如果省去这些柱子，屋顶就会因为重量过重而下陷，而且椽子还会把墙壁向外推。古罗马人首先想到了这一问题的解决办法，他们在屋顶增加水平放置的系梁，把对侧椽子的下端连接在一起。为了给椽子提供进一步的支撑力，以防止中段下垂，这种A形框架中还可以增加一些支柱。三角形屋顶桁架是古罗马的巴西利卡式建筑和以其为蓝本的早期教堂的共同特征。然而，随着古罗马帝国的衰落，古罗马人使用的先进技术似乎已经失传。后来，盎格鲁－撒克逊人的房屋变得十分窄小，屋顶的中段由埋在地下的柱子支撑，就像新石器时代的房屋一样。所以，这些房子在几十年后也腐烂了。幸运的是，中世纪的教堂建造者将石质地基和屋顶桁架再次引入北欧，他们模仿的无疑是现存的古罗马教堂。木制建筑在中世纪时期遍地开花，无论宗教建筑还是民用建筑都是用木头制造的，英格兰埃塞克斯郡格林斯泰德的撒克逊教堂就是早期木制教堂的典型代表。不过，要说到最著名的木制教堂，那一定是伟大的斯堪的纳维亚的木板教堂，其中最古老的是建于 1130 年左右位于挪威西部峡湾的乌尔内斯木板教堂。教堂雄伟地耸立在大量令人眼花缭乱的陡峭倾斜的木瓦屋顶之下，但它的基本设计很简单。教堂的正中间是一个中央大殿，四角立着垂直的柱子，其上方架着横梁，倾斜的木椽构成 A 形屋顶框架的两个斜边。此外，还有顺着教堂主体而建的侧廊，它的结构也很简单。教堂整体的简单架构往往被圣安德鲁十字架和中央柱子之间的面板所掩盖，乍一看，人们会以为墙壁是由拱门支撑起来的，就像工匠们模仿的石制教堂一样。

英格兰南部的什一税谷仓采用的也是这种简洁的结构设计，但给人的观感更清晰，人们能直观地看出这类结构产生的效果。15 世纪的哈蒙兹沃思大谷仓是英国最大的木结构建筑，离希思罗机场的跑道和航站楼只有几百米远。如果去该机场坐飞机，比起忍受愚蠢消费主义的轰炸，倒不如绕行去那里一游。这个巨大的谷仓近 60 米长、11 米宽、12 米高，有 12 个隔间，复杂的桁架支撑着中部空间和侧廊上方的屋顶，可以储藏近 4000 吨的粮食。英国殖民者将这种建筑设计带到了北美，在那里逐渐演变成了全木制的三榀谷仓和新英格兰谷仓，用栗木瓦铺屋顶。

北欧传统房屋和厅堂也是用木制框架建造的，但规模较小。以最简单的曲木房为例，其墙壁和屋顶由成对的木材支撑，这些木材是从天生带有曲度的树上劈下来的。木材彼此相对放置连成排，顶端相触，形成一个 A 形结构。房屋的其余部分就围绕 A 形结构来建造。结构更复杂一点的是半木结构房屋，这种房子是用桁架来支撑屋顶的，就像什一税谷仓一样。但与什一税谷仓不同的是，半木结构房屋不是用单一的从地板直通屋顶的长木材来做支撑，而是采用了许多箱形框架，一个叠加在另一个之上，形成多层空间。这种设计的天才之处在于，建造者可以使用更短、更便宜的横梁，而且上面的楼层可以向外突出几十厘米到一米，这不仅增加了额外的地面空间，而且上层楼的重量有助于推高地板梁的重心，防止地板中心处下陷。但采用半木结构也带来了一个问题：由于街道两边房屋的上层贴得很近，一旦有一间屋子起火，邻近的屋子就非常容易遭殃。这个特征无疑促成了1666 年伦敦大火的迅速蔓延。

除了存在消防隐患外，木制建筑的设计没有什么内在问题，而且还有众多优点，人们至今还在用新鲜橡木建造房子，这种房子在乡村地区的富裕人家中非常受欢迎。刚砍下来的橡木很容易加工，用锛子凿成横梁后，其表面会呈现出迷人的不规则状。橡木屋是预制装配式房屋的杰出案例，它的连接构件可以在其他地方提前雕刻和试装。这样一来，地基打好后，房屋的架构就可以在短时间内迅速组装起来。使用新鲜木材的另一个好处是，用木销将构件固定后，木材渐渐干燥、收缩，连接处因此收紧，结构也更加牢固。将木框架组装好后竖起来，再砌上高度绝缘的抹灰篱笆墙，橡木房子比砖房或石头房住起来更舒适。

从历史发展进程来看，绿色木工传统的最大成就也许是维京长船，它运送了无数凶残的维京人开始他们的征服和发现之旅。在这些精良船只的助力下，维京人征服了英国、爱尔兰和北欧的大部分地区，在冰岛和格陵兰岛建立了殖民地，比哥伦布早几个世纪发现了新大陆。维京商人将他们的影响力向东传到了俄罗斯，传到了地中海地区的君士坦丁堡。然而维京人造船用的还是最老式的工具。他们用斧子砍树，用宽斧子给木头塑形，用螺旋钻在木头上钻孔。贝叶挂毯上的图样清楚地呈现了这些活动，挂毯上还绣着"征服者威廉"（威廉一世）建立舰队的场景。1066 年，诺曼人入侵英格兰，这些入侵者是 10 世纪初在法国北部定居的维京人的后代。

维京人造船用的是直纹树。首先，维京船工会加工和铺设一段横截面呈 T 形的龙骨，一般用的是榆木或橡木。接下来，他们依次在龙骨上安装舷侧列板。这些橡木板是直接将树干沿径向劈开得来的，比现代的锯木板性能更好。因为木板完全顺着树木纤维纹理的走向，没有露出端部纹理，所以完全不漏水，非常坚固，还极具韧性。橡木的木射线较大，增强了木板横向的牢固性，使其不易断裂。为了做船板，维京人用了一种新型铁制工具——拉刀。拉刀的工作原理与锛子完全一样，但制作方式却大不相同，它有一个长长的铁刀片，刀片的一侧被打磨得很锋利，两端都有木柄。为了沿着树木纹理加工木材，在使用拉刀时，木工会以一个较大的角度割进树木，然后朝自己的方向拉动，切出长长的木片。据记载，最早的拉刀是在瑞典哥得兰岛的梅斯特米尔箱中发现的，其年代约为公元 1000 年，而且这把拉刀可能已经被用过很多年了。船板制作完成后，维京人会用改良版的拉刀沿着船板内侧下缘刻出凹槽或弧线；接着，他们会将绳子塞进凹槽，达到密封防水的目的；然后用铆钉将每根板条钉在内侧船板的表面，形成坚固的"叠接式"船体。最后，船工会选用弯曲的木材来做船的肋板以及直横梁，他们将这些横梁的两端分别与船体两侧船板的上端相连，以加强整体结构的硬度。雕刻精美的"奥塞贝格号"建于公元 800 年左右，它的桅杆连接着船体，通过巧妙的"桅杆鱼"支撑。"桅杆鱼"是一块 T 形的木头，由橡树的分枝点加工而成，它的制作充分利用了树本身在自然状态下的加固机制。造于公元 890 年的"戈克斯塔德号"代表了维京时代造船技术的高水准，它虽然没有"奥塞贝格号"那么华丽，但它有着更纯粹、更优美的线条和更有效的加固结构。

　　建造长船的伟大时代在公元 1100 年左右结束。部分原因是维京人已经安定下来，过上了基督徒的生活，抢劫和掠夺的欲望淡了很多；还有一个原因是他们越来越难找到纹理足够直的造船木材。后来，中世纪的造船工人不得不重新使用纹理不那么规则的树木，但由这些树木锯出来的木板质量比较低劣。新船必须使用坚固的框架来建造，但船匠们继续大量使用弯曲的木头，这些木头是从人工种植的大橡树上切下来的。工人们把这些木材做成了弯曲的底板、侧板以及支撑重型战舰框架的其他构件，这种情况一直持续到 19 世纪。

　　事实证明，绿色木工技术不太适用于生产家具、盘子、碗和装饰品等小物件。首先，这会造成大量木材的浪费。例如，要制作一块普通的木板，就得将木材沿径向劈开，大部分木材都必须被削掉，而且用斧子横切木材会留下很宽的切口。绿色木工技术通常相当复杂，而且还要应对一个额外的难题，那就是木材在成型后往往会收缩变形，这就可能会导致接头松动。为了解决这个问题，工匠们慢慢琢磨出了一套新的木工技术，他们会在木材干透后再对其进行加工。此外，他们充分利用了铁和钢的出色硬度和刚度，发明并完善了一套新的工具。

　　第一个被纳入木匠工具箱的是横切锯，这是最早的既能有效横切木材，又能留下很小切口的工具。与中石器时代的简易骨锯类似的金属锯最早出现在古埃及，是由青铜制作而成的，上面有排列整齐的锯齿，木匠握着锯子朝自己方向拉动便可切断木材，这种锯齿设计可以防止狭窄的锯条弯曲变形，直到今日，日本工匠用的锯子采用的仍是这种设计。但是，这种设计也限制了木匠可以施加的力量。这些锯子的锯齿设计得很简单，它们的作用非常像锯齿刀，将压力集中在小范围内从而加大切割深度，并帮助扫除锯末。后来，人们开始用铁制作锯条，锯齿的设计也随之改进。现代横切锯的锯齿前端都被磨成了刀片，每个锯齿实际上都是一个小凿子，左右交替拉锯时，便可以切断木材，把锯末带出。为了提高效率，工匠们在两个方面对锯子做了优化。他们把锯齿做得稍微向外弯曲，以便切割出比锯条略宽的切口，这样一来，锯条来回拉扯时就不会被卡住；一些横切锯的每对锯齿中间还有耙状尖齿，可以用来帮助扫除锯末。在做锯条时，人们也遇到了难题。想要锯条锋利，切得深，就得把它打磨得足够薄，但太薄的锯条硬度又不够，在拉扯时容易断。古罗马人最后想出了两全其美的法子，他们主要采用了两种办法，其中一种在今天仍然很常见，那就是榫头锯。榫头锯的锯条被厚厚的顶边固定，并配有一个木柄；另外值得一提的是框锯，框锯的锯条薄而灵活，紧紧地固定在一个木框中，这种设计与现在的弓锯、钢锯和线锯异曲同工。这两类锯子的设计缺陷在于固定的框架限制了切割深度。为了克服这一缺陷，人们调整了设计，一些框锯的框架不再位于锯片上方，而是位于锯片的两侧。到了18世纪，随着弹簧钢的问世，锯片的硬度得到优化，不再需要背板或框架来支撑，这便有了典型的现代锯子。

横切锯特别适用于伐木和精确切割木板，越来越多的木工需要沿纹理切割木板。这样做有助于他们做出大小精确的燕尾榫，将木板以合适的角度连接在一起，还可以帮助他们将珍贵的木材切割成薄薄的单板，覆盖在更便宜的木材上。最重要的是，横切锯能让林务人员直接从树干和树枝上进行切割，因为这些树干和树枝的纹理不够完美，不太好劈开。但随着老林被伐尽，林地被工业化管理，这种纹理不够完美的木材变得越来越普遍。想要沿纹理切割木材，生产出我们今天仍然在使用的那种木板，人们需要一种新的锯子——手锯。横切锯每个锯齿的侧面都起到凿子的作用，而手锯是锯齿的底部被磨得很锋利，切断木质纤维的同时可将木屑带出。从中世纪开始，手锯变得越来越普遍，其中最有意思的是由双人操作的长长的"大锯"。当人们用大锯把大树干锯成木板时，一人站在树干下方的坑里，一人站在树干上，两人各持锯子的一端，来回拉扯切割。后来，这个过程越来越机械化，在欧洲大陆尤其如此，1594 年，荷兰人康纳利斯·科内利斯松建立了第一个使用往复式大锯的水力锯木厂。不用说，除了铁制的锯条，锯木厂几乎完全是用木材建造的。

为了更精确地切割木板，将木板打磨光滑，并雕刻出更复杂的形状，古罗马人用到了另一种工具——刨子。刨子切割木板的原理与锛子和拉刀完全相同，先沿着纹理切开木板，然后扫掉上面的刨花。不过，刨子的优点是，刨身将薄薄的刀片固定在约 40 度的最佳角度，控制了其切割木板的深度。由于刨子和拉刀一样可以安装不同形状的刀片，因此，除了将木料打磨光滑之外，刨子还可以用来切割出曲线，甚至可以沿着木板的边缘切割出精确的榫头和凹槽，非常适合快速生产木接头，并将它们连接到一起。

只需用到这些简单的工具，木匠就可以将多块木板连接在一起，轻松制作出各种各样的物件。木匠精心安排木板的排列方式，使每块木板都沿其纹理方向顺着长轴摆放，以确保最大的牢固度。用这种拼接工艺做出来的器物中，门就是一个非常有趣的例子。你或许认为制作一扇门很简单，从大树干上切下一块木板来就好了。然而，这样的木板极难获得，非常昂贵，而且除非从树干上沿径向切割，否则很容易变形和纵向开裂。为了能用较小的木板制作出既便宜又结实的门，木匠们主要想出了两种方法。最高效的方法是用榫卯结构将多块木板连接起来，并通过在水平方向铆接木板（压条）来加强门的横向牢固度。这便是我们平常用的拼板门。人们会在门框上安装金属铰链或支架以防止门掉下来。这种门用起来很不错，但是非常重，而且需要消耗大量木材。虽然在乡村别墅中仍然很常见，但拼板门在很大程度上已经被镶板门取代。镶板门有一个框架（包括垂直的两个边梃与通过榫接或斜接连起来的水平上下冒头）和垂直的中梃。木匠会将薄木板（或玻璃）装入框架的凹槽中。此外，还可以用专门的刨子在框架内缘进行雕刻来做装饰。与拼板门相比，镶板门重量更轻，造型更优雅，更不容易翘曲。但如果接头处松动，它也会像拼板门一样掉下来。

木匠们很快学会了用榫头、燕尾榫、斜接头和各种更复杂的接头将木板和压条连接起来做成各式各样的立体物件。由于直角连接比其他角度连接都要容易，因此，与房屋一样，椅子、桌子、梳妆台、书桌、橱柜、书架等木家具几乎都是立方的。这种类型的家具都非常优雅，让人想到18世纪的夏克式椅子，以及新艺术派建筑师兼设计师查尔斯·雷尼·麦金托什那漂亮的梯式靠背椅。传统的矩形家具非常适合长方形的房子，但我们接下来会讲到，这种设计也有缺点。想要制作圆形或带有弧度的木制品，工匠们就得开发出新技术。

盘子、碗、杯子、椅子腿和木管乐器等有着圆形截面的小物件是用一种全新的技术——车削（车床加工）——制作的。将木料放在车床上使其旋转，然后用特殊的凿子在旋转的木块上刮削，直到其成为圆形，这种做法无疑受到了陶工塑造黏土容器的启发。公元前3500年左右，陶工用的轮子与手推车和马车轮子同时出现，但直到公元前1500年左右才出现第一台车床，其形态出现在了古埃及的壁画中。铁的使用促进了车床的发展，因为用铁做成的凿子足够坚硬，塑造木材时不会磨损得太快。

所有车床的基本设计都大致相同。将待加工工件的一端夹在轴上，另一端钉住，使其能自由旋转。车工转动工件，将尖头凿子压入其中，绕着旋转轴均匀地削木料。车床之间的差异主要体现在旋转的动力方式和雕刻木料的时间上。最早的古埃及车床是用一根带子缠住工件，助手来回拉动这根带子使工件旋转，车工只在其中一个步骤中雕刻工件。如果用的是弓形车床，弓弦会绕在工件上，车工一只手抓着弓弦，来回拉动，带着工件旋转（就像用弓形钻一样），另一只手拿着凿子给木料塑形。如此一来就不需要助手了，只不过车工只能用一只手拿着凿子。后来，人们又发明了脚踏车床，实现了进一步的工具升级，车工可以通过踏板为车床提供动力。踩下踏板，向下拉动缠绕在木料上的绳子。绳子的另一端绑在一个有弹性的长杆的末端，踩下踏板时，绳子会拉着长杆向下弯曲。而当车工松开踏板，杆子就会变直，木料也会向后旋转。反复踩下和松开踏板，工件会不断旋转，获得解放的双手就能够自由地使用凿子。早在铁器时代，由被称为"博格"的工匠操作的脚踏车床就已经在欧洲使用，在维京时代也很常见。

英国约克郡的铜门街，也就是如今约维克维京中心的所在地，其名字就是根据当时在此地从事贸易的杯子制造商的名字命名的。制作木杯时，需将木料沿其纹理方向与车床长轴平行放置，这样做出来的杯子才会结实。而制作木碗和木盘时，木料的纹理方向要与车床的长轴成直角，这样做是为了加强器物横截面的牢固性。几个世纪以来，乡村居民几乎只用木餐具吃饭和喝水；每个人都有自己的盘子或碗，每顿饭菜都会用到它们。车床还可以用来制作餐具的手柄。到了 18 世纪，人们开始用陶瓷餐具取代木餐具时，车床就被用来加工桌椅的腿。

为了造出有曲线的物品，工匠们开发出的另一种技术是蒸汽弯曲。将木材放入水中，把水加热到沸腾后，半纤维素分子之间的结合就会松动，基质被软化后，纤维素原纤维就能自由地相互剪切。因此，将木材从蒸汽浴中取出后，可以将其弯曲成需要的形状，随着木材干燥冷却，这一形状就会固定下来。木材蒸汽弯曲法已经被用于制作各种带有弧度的物体，如船的肋板、雪鞋、网球拍等。有了这种技术，工匠们就能制造出更优雅、更舒适的家具，其中最著名的设计是有着优雅弓形椅背的古典温莎椅。17 世纪，早期温莎椅是在伦敦西部奇尔特恩丘陵的海威科姆镇山毛榉树林里制作的。木匠们用淡色的山毛榉木做出弓形椅背，当地车工和制作长椅的工人分别做好椅腿和椅座，组装起来后经温莎运往伦敦。这种设计随后被引入美国殖民地，第一批温莎椅是由宾夕法尼亚州副州长帕特里克·戈登于 1726 年运到美国的，此后，费城很快就开始在本地生产这类椅子。

使用蒸汽弯曲技术制造出的最重要的物品是木桶。在古典时代，酒、油和其他液体都是装在双耳陶罐中运输的，这种罐子很高，底部呈圆形，颈部有两个把手；它非常重，难以移动，无法集中堆放在一起，而且非常容易破碎。在考古出土的古典时代文物中，双耳瓶碎片占了绝大多数。公元前 350 年左右，凯尔特人发明了由弯曲木条拼接而成的木桶。这种木桶很结实，可以放在地上滚动，堆放起来也很方便，非常实用。凯尔特人成功的关键在于，板条的曲率允许其中心向外弯曲，使木材在纵向刚度上能够承载桶内液体产生的压力。要制作一个木桶，桶匠首先必须对每根木条的形状有精确的把控。他们需要使用特制拉刀拉削出所需的弧形截面，然后按一定角度切割木条两侧，这样当木条并排拼接在一起时就可以形成一个圆形。接着，他们把木条连接在一起，将它们插入临时铁箍中加热，直到所有木条紧密地结合在一起。最后，桶匠会给木桶的两端封底，套上铁环加固结构。事实证明，木桶是前工业化时代的商业命脉，其重要性相当于今天的锡罐、塑料瓶和船运集装箱的总和。

轮匠使用了木工、车削和蒸汽弯曲 3 种技术来改进车轮的设计。正如我们在上一章中提到的，青铜时代早期的车轮是由 3 块木板连接而成的，非常重又容易坏。古代战车的设计者为了生产出更轻、更快、更坚固的车，一直致力于改进这种设计。到了青铜时代晚期，他们发明出了辐条式车轮。这种车轮的轮毂由榆木等抗裂木材加工而成，细长的辐条是用拉刀或车床塑出来的，而轮辋则是由用蒸汽弯曲成曲线的细树枝制成的。轮毂与辐条连接在一起，辐条被钉在轮辋上。最早的辐条式车轮是在公元前 1500 年左右由古埃及人和他们在中东的对手制造出来的。到了荷马时代，车轮的设计水平到达了顶峰，其代表便是古希腊人的战车。这种战车的车轮只有 4 根辐条，轮辋在转动时可以略微弯曲起到减震效果，由此一来，战车在特洛伊颠簸的战场上行进时就能够行驶得更加平稳。但这种轮子也有缺点，那就是用完后得把轮子卸下来，或者把战车整个翻转过来，即使是阿喀琉斯这样的英雄也得这么做。这样做是为了防止车轮在战车的重量下逐渐压弯变形。后来，古罗马和中世纪的轮匠造出了更加坚固的轮子，并以铁箍加固。他们做的车轮都是圆盘状的，辐条排列略呈圆锥状，可以从侧面加强车轮的牢固度，防止马车在车辙坑洼不平的路上行驶时接合处松动。农民们经常把车停在浅水中，让车身处于一种湿润且微微膨胀的状态，使接合处保持紧绷，这就是为什么在约翰·康斯特勃的名画里，干草车停在了斯托尔河的浅水中。

在人们学会炼铁的 3000 年后，铁器让木制工艺品在我们的世界里变得更加普遍。但正如我们看到的，所有的技术都很耗时，而且要求工人具备专业知识，且能娴熟地操作机械。因此，木材加工业雇用了许多能工巧匠，从木制品行业中常见姓氏的绝对数量就可以看出，比如 Carpenter（卡朋特，木匠）、Joiner（乔伊纳，细木工人）、Wright（赖特，修建者）、Wheelwright（惠尔赖特，轮匠）、Shipwright（希普赖特，造船者）、Wainwright（温赖特，运货马车制造者）、Bodger（博格，车工）、Bowyer（鲍耶，制弓匠）、Fletcher（弗莱彻，造箭者）、Turner（特纳，车工）、Bowler（鲍勒，造碗工）、Cooper（库珀，制桶工人）、Sawyer（索耶，锯木匠）、Forester（福雷斯特，护林员）和 Collier（科利尔，煤矿工人）等。泥瓦匠用的是木柄工具，磨坊主靠木制的水磨和风车谋生计，玻璃工、陶工和铁匠靠烧木炭加热熔炉。在铁器时代乃至之后的 200 年里，主宰人类生活的其实是木材。

第 8 章

生活中的奢侈品

上一章中我们了解到，生态博物馆和世界上各种文化博物馆都不同。那些大博物馆很少展示与日常生活相关的文物，里面陈列的大多数是为权贵、富豪和政治精英而制作或与他们相关的艺术品、装饰品和文本。就我自身参观大英博物馆的经历来看，至少在过去的1000 年里，权贵们最感兴趣的似乎是战争和狩猎。换句话说，他们喜欢描绘男人杀死男人、男人杀死女人、男人杀死动物。在文明的高点——帕特农神庙中，里面的雕像刻画的也是男人杀死半人马这种虚构的生物。文艺复兴时期，战士盔甲上刻出来的胸肌和 6 块腹肌健硕得令人难以置信。不过，好在后来许多艺术作品开始描绘和平主题，作品内容大多是男人和美丽的女人，有的身着衣衫，有的赤身裸体；还有的就是动物和植物，各种风景以及抽象图案。如果画的是室内情境，那么里面一般都摆满了珠宝、黄金和白银，陶瓷和玻璃器皿，羊皮书，以及石雕和青铜雕塑。

大量珍贵精巧的物件冲击着我们的感官，很少有人注意到这些作品没有我们日常生活中最常见的材料——木材。人们总是更难发现一些正在消逝的东西。尽管木材优点众多，但它似乎已经失去了统治精英的青睐。究其原因，木材不似金属或珠宝那般闪亮，不像玻璃那样晶莹剔透，也不如石头或青铜耐用。但主要的原因是木头太平凡、太朴素、太常见。穷人都能买得起木制工艺品，富人怎么会想拥有它们呢？只有当木材的力学性能在一众可供选择的材料中具有压倒性的优势时，权贵们才会接受它。但即便是这样，精英们会确保他们购买的工艺品是由最优质的稀有木材制成并以最高级的方式装饰的，以此来掩盖木材朴素的本质。

到目前为止，本书都倾向于把木材当作一种统一的材料来讨论。但现在我们要开始研究不同种类的木材在密度、刚度和颜色等特性上的差异以及产生这些差异的原因。木材的特性与树的大小、生态环境、土壤条件和气候相关。在温带地区，橡树、白蜡树、山毛榉和椴树等大树冠阔叶树需要在树干内部快速输送水分，给叶子提供养分，还要能抵御大风。为此，这些树的导管都长得比较粗，纤维细胞的中空程度较高，这样才能以尽可能经济的方式长出厚实的树干。这类木材的比密度约为 0.5，处于中等水平。而冬青、山茱萸和黄杨等下层植被长得比较矮，需要的水分更少，它们的生长速度较慢，寿命也较长。因此，它们的导管偏细，纤维细胞壁偏厚，木质密度大、硬度高。最后，我们要介绍的是生长较快的先锋树种，比如率先在开阔土地定居的桦树、河边的杨树和柳树。这些树的导管宽大，纤维细胞壁薄，生长速度快，树干也长得非常粗壮。它们的木质相对柔软，比密度低于 0.35。北方森林主林木的特征与上面这些树很类似，如松树、云杉和冷杉等针叶树，以及桦树、枫树和杨树等先锋树种。在热带雨林中，木材的密度相对极端。巴尔沙木等生长速度快的先锋树种的比密度不到 0.1，而乌木和铁木等生长速度缓慢的下层植被的比密度超过了 1，这些树长期泡在水中。

木材的颜色多种多样，这主要是由于不同树种中单宁酸、酚类等彩色防御化学物质的含量不同，这些物质位于树的心材之中，可以杀死真菌病害并防止树木腐烂。生长环境的气候越温暖，树的寿命越长，需要的防御化学物质就越多，木材的颜色也就越深。在温带树木中，橡树和雪松等长寿树种的木材颜色最深、最耐用，而生长速度较快的杨树和柳树的木材颜色最浅、最脆弱。一般来说，热带树木的木材颜色比温带树木要深；因此，柚木等木材被广泛用于制造庭院家具。乌木和黑木等下层植被树种的木材颜色特别深，与巴尔沙木的白色木材形成鲜明对比。

我们在上一章中说到，木工和木匠使用的大多是中等密度的大冠树木材。建造耐潮的房屋、船只和马车时，他们用的是树种寿命最长的木材，如橡木和雪松木；制造在室内使用的工具和家具时，他们用的是树种寿命较短的木材，如水曲柳和山毛榉。相比之下，为精英阶层制作家具或装饰工艺品时，工匠倾向于使用密度较大、颜色较深的下层植被的木材，或者至少在这些物件的外层使用这类木材。目前，保存得最好的古代家具是由古埃及人制作的，被储存在他们的坟墓中。尼罗河两岸的树木很少，但当地并不缺乏木材，因为富有的古埃及人可以从邻国进口，他们还可以从北非、中东和地中海等地获得多种多样的异国木材。古埃及人充分利用了当地的金合欢和枫木，那里的木匠最先使用单板贴面覆盖廉价木材，他们从外国进口的整条原木上锯下薄木板，然后盖在便宜的木材上。另外，他们还发展了木材镶嵌工艺，将颜色对比强烈的小块木料黏合在一起，拼出不同图形或图画。图坦卡蒙的墓室中有许多木制家具，其中包括外形像狮子的床，以及镶有木头、玻璃和珠宝的漂亮盒子。但是，要说墓室中最华丽的随葬品一定是图坦卡蒙的王座，它目前被收藏在开罗博物馆里。这张王座的结构和普通的扶手椅差不太多，但上面镀有大量黄金，靠背上还有一幅精美的画：年轻的国王坐在王座上，他的妻子（也是他同父异母的妹妹）安赫塞娜蒙正在往他的肩上涂抹圣水。

　　古罗马人进一步发展了木材镶嵌工艺。然而，在中世纪的欧洲，人们很少有机会接触到热带木材，所以木匠们一般用当地的实木制作家具。他们选择的是木材密度最大、颜色最深的树木之一——橡木。匠人们没有使用彩色图案，而是在器物上饰以大量复杂的浮雕。富裕家庭用的橡木家具、壁炉和镶板变得越来越精致，其中最精巧的那些用来装饰礼拜场所。大多数教堂都有一个用于隔开正殿和圣殿的橡木圣幛，它被雕刻成精美的哥特式拱门，中间的嵌板上还有圣者的画像和雕塑。屏风顶部是叶子和花朵的浮雕。大教堂的装潢最是繁复美丽，那里不仅有圣坛隔屏，还有完整的唱诗班席座，全都是用雕刻精美的橡木建造的，上面还有圣人、神职人员乃至神话中野兽的头像。工匠们似乎无法抑制他们对装饰品的热爱。即使是折椅下方也雕刻着动物、植物、人物、神话中的生物，甚至还有日常生活场景。这些雕刻品纯粹的能量激发了人们的想象力。《爱丽丝梦游仙境》的作者刘易斯·卡罗尔在约克郡的里彭长大，他的父亲是大教堂的一名教士。据说（当然主要是当地人讲的），刘易斯·卡罗尔代表作开篇的灵感就是从大教堂的折椅雕塑上得来的，上面刻着一只兔子为了躲避狮鹫的追赶，逃进了地洞里。

　　虽然橡木雕刻品既漂亮又耐用，但在许多方面，橡木并不是特别适合用来做雕塑。每年春天，橡树木质部内的粗大导管堆积，会让木材变得容易开裂，而巨大的木射线会影响雕塑的整体观感，分散人们对作品形式的注意力。那些最成功、最精致的木雕作品用的都是纹理更一致、更细腻的木材。所以，无论权贵在意与否，手工艺人都坚持着用轻质木材做雕刻的悠久传统。要说到开罗博物馆最重量级的展品，那一定包括来自公元前2500年左右的卡培尔（第5王朝早期的书吏兼牧师）的雕像。卡培尔偏胖，秃头，看起来非常友好，你几乎可以想象到在大街上与他相遇，他亲切地同你打招呼。可能正是因为他散发着这样的气质，所以埃及考古学者给他起名为"村长"。卡培尔的雕像也从侧面说明，他的社会地位不是特别高，因为相比之下，法老的雕像都用石头雕刻而成，而且高度程式化，不带个人色彩。

文艺复兴早期最成功、最精致的木雕作品用的是椴木，这种木头比橡木更柔软稳定、纹路不明显。传统木雕工艺在 15 世纪到达高峰，德国雕塑家蒂尔曼·里门施奈德和维特·斯托斯就是两大代表人物。在德国和波兰的教堂中，仍然可以看到他们无与伦比的雕刻作品，在人性和雄心的传达上，完全可以与名气更大的意大利文艺复兴时期的石雕相媲美。在北欧，椴木仍然是木雕艺术家的首选，17 世纪中期移居英国的荷兰人格林林·吉本斯的木雕作品在技艺上达到了顶峰。产自谢菲尔德的钢制工具让吉本斯创作起来得心应手。伦敦汉普顿宫和萨塞克斯郡的佩特沃斯宅第都有他的雕刻作品，无论是轻盈感还是完美程度都令人赞叹不已。在壁炉和镶板的装饰带上，如玉米穗上的玉米粒、花朵的单瓣花瓣，甚至是小提琴的琴弦，吉本斯都能雕刻得细致入微。

从文艺复兴时期开始，欧洲家具制造商也不再使用橡木，转而选择纹理更紧密、颜色更漂亮的栗树和胡桃木等。为了向古典时代致敬，他们开始用深色热带木材和浅色象牙制成的薄板和镶嵌物来装饰简单的设计，所需的材料都可以从远东贸易伙伴和新大陆殖民地获取。装饰工艺在 17 世纪和 18 世纪初达到了顶峰，例如法国路易十四时期沉重的巴洛克式家具和路易十五时期流行的更轻巧、更优雅的洛可可式家具。随着 18 世纪末古典主义的复兴，橱柜制造商开始制作更简约的家具，家具最终呈现出的效果更多地取决于木材的质量和比例的完美性。伦敦的汤玛斯·齐本德尔等公司开始大力宣传一种新的热带木材——桃花心木。这种巨大的树木生长在英国殖民地牙买加的山丘之上，锯下来的大块薄板可以用来贴桌面，小块的木料可以用来雕成桌腿和框架。为了突出作品的线条美、制作真正优雅的家具，这一时期的工匠很少使用镶嵌物。汤玛斯·齐本德尔公司的业务遍布全国，能为众多家庭住宅乃至仆人住所供应家具，齐本德尔家族为此感到非常自豪。他们生产的风格时尚的家具在设计上也很类似，但用的是更坚硬的波罗的海云杉或松木，而且没有那么多精心隐藏的接头。

纵观各艺术门类，只有在音乐这一领域，木材的优越力学性才使其成为不可替代的选择。大多数乐器都有一个共鸣箱，在这个共鸣箱中，空气的振动在特定频率下会被放大，几乎所有共鸣箱的设计都是为了使箱壁或单独的木板能够振动，从而进一步提高声音的音量和质量。为了实现这一目标，人们一直都用木材做乐器，因为木材无论是重量还是刚度都很适合高速传导声音，而且能够在高频率下产生共振。最早的乐器是自然形成的木片，比如说热带雨林树木的板状根。黑猩猩通过敲击这些木片，在竞争中发出威胁性的声音。直到现在，加里曼丹岛上的部落居民还在用这种木片进行远距离的交流。为了提高振动传递效率，获得更好的音质，人们总是用纹理均匀细腻的木材制作乐器。不同于家具和工具，乐器的制作从不使用橡木或白蜡等环孔树种，因为这些树的年轮上有许多大导管，容易吸收声音。制作乐器一般使用枫木、黄杨木、乌木等散孔木材或云杉之类的软木。

在17世纪和18世纪的巴洛克时期，木制乐器的制造逐渐成熟完善，器乐开始向处于主导地位的声乐发起挑战。法国的霍泰特尔家族和英国的托马斯·斯坦尼斯比等吹奏乐器制造商生产了木笛、长笛、双簧管和古单簧管，这些乐器都是用精选的木料在复杂的车床上加工而成的。文艺复兴时期被广泛使用的古双簧管变号和肖姆管用的是枫木和西卡摩木，而文艺复兴时期的竖笛则改用了黄杨木、樱桃木和黑木等更硬、颜色更深的木材。这些密度较大的木材传声速度快，可以放大较高频率的声音，有助于扩展乐器的音域，使其具有更明亮的音色。例如，巴洛克竖笛的音域跨两个8度，比文艺复兴时期的乐器要逊色很多。但是，作为一个会吹竖笛的人，比起用更硬的黑木或乌木制成的乐器，我更喜欢黄杨木乐器，因为它们的音色更温和，更有"木"的味道。

17世纪初，将黄铜吹嘴与木制器身结合起来的乐器也达到了鼎盛时期。角号和它那体积更小的"亲戚"小角号是用弯曲的黄杨树或角树的木材制成的，工匠们把这些木材从中间劈开、挖空、黏合，最后再用皮革裹起来。这类乐器上钻有指孔，演奏指法与长笛类似，但声音是通过吹橡子状的吹口发出的。角号因其音色而闻名，据说模仿起人声来非常逼真。威尼斯圣马可大教堂创作的圣歌中就用到了角号，不同声部的人声和乐器声在巨大的教堂中交相呼应。加布里埃利家族的圣乐、蒙特威尔地在1610年创作的《圣母的晚祷》以及早期的歌剧之所以能这么成功，角号起了至关重要的作用。

但真正体现木工技艺巅峰水平的还是弦乐器。羽管键琴和钢琴等键盘乐器的木质共鸣板在琴弦的下方，立式钢琴的木质共鸣板则在琴弦的后面。制作共鸣板用的是软木云杉，工匠先将原木四分切，然后再用胶粘起来。这类木板相当于沿径向锯开的木板，切割方向垂直于年轮，木射线宽度与木板的宽度平行一致，这样可以防止木板变形，也可以加快整个木板的振动，让声音更加明亮。

在所有弦乐器中，声学构造最复杂的一定是弹拨乐器和弓弦乐器，如小提琴、大提琴、六弦提琴、鲁特琴和吉他。这些乐器的共鸣箱都由四分切的云杉制成，共鸣箱面板上有琴码，琴弦通过支撑着它的琴码将振动传导至共鸣箱面板。为了优化音色，共鸣箱内还会加上音柱，比如小提琴共鸣箱里就有一个连接面板和背板的音柱，可以进一步放大声音。声音从共鸣箱上的音孔发出，传入听众耳中。尽管进行了广泛的研究，但还是没人知道为什么斯特拉迪瓦里小提琴（"斯琴"）的音色格外优美。不过对"斯琴"所用木材的调查显示，"斯琴"的共鸣箱是用阿尔卑斯山上生长特别缓慢的细纹云杉制成的。木材的细腻纹路和乐器的明亮音色或许可以归因于 16 世纪至 18 世纪的间冰期，那段时期气候寒冷，自然环境较恶劣，云杉生长速度缓慢。随着全球气候变暖，树木生长速度加快，纹路不再那么细腻，也就不可能造出如此完美的乐器了。

后来，音乐界的潮流发生了变化。随着海顿和莫扎特等古典时代的作曲家试图通过音调的快速变化来表达更丰富的情感，以及以贝多芬为代表的浪漫主义作曲家努力增加音乐的动态范围，乐器制造商不得不改造之前的轻型巴洛克乐器。包括"斯琴"在内的小提琴都被改造，琴码被抬高、琴颈被降低、羊肠弦被金属弦代替来发出更大的声音。早期钢琴的木制框架换成了铁制框架，这样可以承受更大的琴弦张力，安装更重的金属琴弦，演奏时声音也更大。木管乐器装上了大量的琴键，演奏起来更容易，在音阶的所有 12 个半音上提供更均匀的音调。由于按键太多，人们甚至重新设计了长笛等木管乐器，改用金属制作。在这场变革中，木管乐器逐渐消亡，取而代之的是没有指孔但配备了金属阀门的铜管乐器。

富人和权贵喜欢音乐，他们的世界不需要像穷人那样处处围着木

图1　1911 年在英格兰埃塞克斯郡发现的克拉克顿矛（仅存的末端）已有 45 万年的历史，它是已知的世界上最早的木制文物。在还是青枝的时候，或者在火中烧过之后，它的矛头被石片削尖。考古学家以多种方式解释了这件文物的预期用途：它可能是一根挖掘棍、长矛或长枪。

图2　拥有伐树能力的中石器时代的人能够建造宽敞的圆形房屋。在诺森伯兰郡的豪伊克，研究者们重建了一座拥有超过 8000 年历史的小屋，小屋的表面被草皮覆盖，草皮之下藏着由一圈柱子支撑着椽子的复杂结构。

[图片来源：清晰视界（Clearview）/ 图片网站阿拉米（Alamy）]

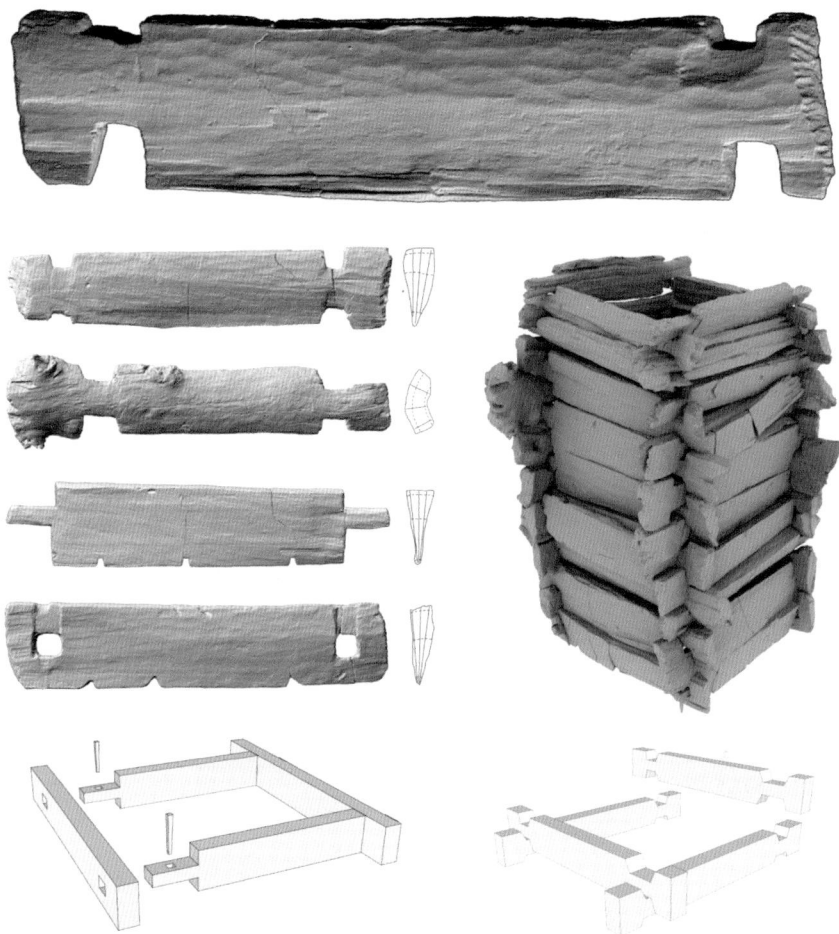

图3 从这张 3D 渲染的来自德国东部的有着 7300 年历史的井壁图中可以看出，框架的底部通过榫卯结构连接，而上部则通过互锁凹槽连接。木板粗糙的两端充分显示了在金属工具出现之前，新石器时代的人横向切割木材的难度。

（图片来源：罗兰·恩诺斯）

图 4 新石器时代的线纹陶文化缔造者在工具上的创新，使他们能够为多个家庭建造长而窄的木屋。这是位于泽西岛的拉胡格比伊博物馆（La Hougue Bie Museum）重建的线纹陶文化长屋，它的屋顶由 5 根柱子支撑，最外面的柱子构成墙壁，门则是用灌木杆制成的。

图 5 拥有 5200 年历史的卢布尔雅那沼泽地车轮是世界上现存最早的车轮和车轴。车轮由两块木板制成，由板条（现已损坏）连接在一起，这些板条紧贴在木板上凿出的凹槽中。车轴安装在车轮上的方孔中并随车轴转动。

（图片来源：安德烈·佩尼克／卢布尔雅那博物馆和美术馆）

图 6 藏于太阳船博物馆（位于胡夫金字塔东南侧）里重建的胡夫船[①]（约有 4500 年的历史）。这艘船长约 44 米，曾被埋在胡夫金字塔旁的一个石坑中，考古学家发现它时，船体已全部被拆解。据说建造这艘船的目的是将复活的法老带上天空。与许多青铜时代的船一样，该船是用雪松短木板榫卯连接在一起组装而成的。

［图片来源：斯特凡·利普曼／同一个世界图片（Oneworld Picture）／图片网站阿拉米（Alamy）］

---

① 该船已于 2021 年 8 月移至大埃及博物馆。——编者注

图 7　卡培尔雕像，距今约 4500 年，现藏于埃及博物馆。该雕像由美国梧桐雕刻而成，与理想化的法老石像形成鲜明对比，它被雕刻者赋予了独特的个性，人们甚至可以看到卡培尔后退的发际线。

图 8　建于 9 世纪早期的"奥塞贝格号"现藏于奥斯陆的维京船博物馆。图中展示的是"奥塞贝格号"的船头。请注意船体的精细雕刻、优美线条和"叠接式"结构。在添加内部框架以加强船体之前,单独的列板都用铁钉铆接在一起。

图9 这幅创作于 11 世纪的《巴约挂毯》的细节图展示了征服者威廉为诺曼人入侵英格兰而建造舰队的情景。画面的左边，护林员正在砍伐树木；画面的中间，木匠正用宽斧把树干劈成木板；画面的右边，工人们正在打造船体；画面的右上角，造船工正在评估船体的对齐情况，一个工人正用螺旋钻在船体上钻孔。

（图片使用经巴约市特别许可）

图 10 海达尔木板教堂，建于 13 世纪初，靠近挪威泰勒马克。教堂的墙壁由垂直劈开的原木或木板制成，而主体结构由原木和横梁框架支撑，屋顶覆盖着木瓦片。

图 11 哈蒙兹沃思大谷仓建于 15 世纪初，可储存近 4000 吨谷物。橡木柱安装在石头基座上以防止底部腐烂，屋顶由一系列粗糙的橡木桁架支撑。

图 12　位于德国西南部的埃斯林根市政厅，建于 15 世纪初，是一座典型的中世纪木结构建筑。上层相对于下层突出，有助于防止地板下垂，而对角交叉支撑能使结构具有更好的抗风稳定性。

图 13　伦敦威斯敏斯特中央大厅的锤梁屋顶建于 14 世纪后期，是威斯敏斯特宫最古老的部分。它那令人印象深刻的结构跨度超过 20 米，但桁架有过度设计之嫌。弯曲的元素并不是作为拱形支撑结构，而仅仅是装饰性的，墙壁必须从外面支撑以防止倒塌。

[图片来源：亚当·伍尔菲特 / 图片网站阿拉米（Alamy）]

图 14 中国甘肃省敦煌莫高窟纪念牌楼上饰有华丽彩绘的斗拱。斗拱支撑着建筑的屋顶，它们的灵活性在地震发生时能起到变形消能的作用。

［图片来源：Zhang Shuo/TAO 图像有限公司 / 图片网站阿拉米（Alamy）］

图 15 在英国朴次茅斯历史造船厂看到的"胜利号"是 1805 年特拉法尔加海战中的终极木制战舰和纳尔逊①的旗舰。巨大的桅杆由美国白松的树干制成，船体由橡木横梁和木板制成。复杂的索具是在大量木块或滑轮的帮助下控制的。

[图片来源：格雷格·巴尔弗·埃文斯/图片网站阿拉米（Alamy）]

---

① 英国海军将领霍雷肖·纳尔逊，在特拉法尔加海战中牺牲。作为纳尔逊中将的旗舰，"胜利号"重修后被永久保存下来。——编者注

图 16 18 世纪 60 年代英国制造的温莎椅。扶手和背部的木材通过蒸汽弯曲技术有了优美的曲线，椅子具有当时流行的哥特式拱形结构。

（图片来源：大都会艺术博物馆）

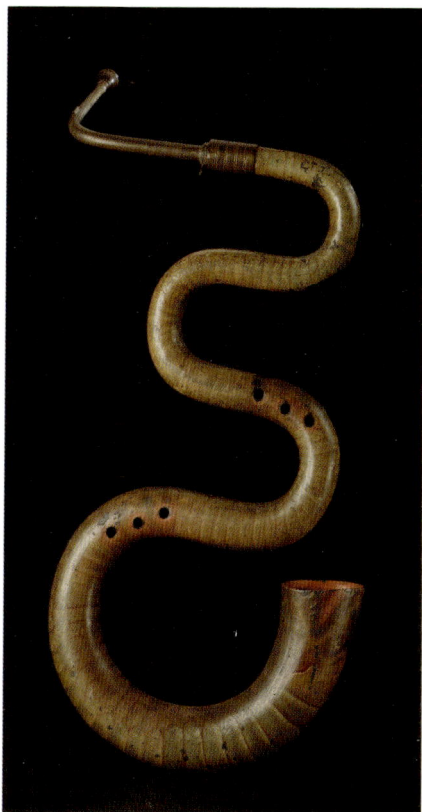

图 17 1820 年法国制造的一支蛇号。蛇号是大号的前身，属于低音短号，是最后一种常用的带有喇叭状吹嘴的木制"黄铜"乐器。 蛇号在 20 世纪成为教堂乐队的一部分，曾在托马斯·哈代的小说《绿荫下》中被提及。

（图片来源：大都会艺术博物馆）

图 18 1877 年，10 名男子在美国西部建造一座气球框架式房子。请注意这些木材与图 12 中中世纪市政厅的木材相比就窄了很多。它们由机器切割的钉子相连接，内外均覆盖着木板。

（图片来源：国家人类学档案馆／史密森学会）

图 19 1916 年，一列火车正行驶在阿拉斯加福克斯峡谷一端的塔纳纳山谷铁路木栈桥上。为了跨越峡谷，美国人更喜欢在石头高架桥或土堤上建造栈桥。他们用熟铁螺栓将原木连接在一起，构建了一个复杂的支撑结构。火车的漏斗形烟囱显示燃烧的原料是木柴，而不是煤炭。

（图片来源：美国国会图书馆）

Stupendous Log-Raft, containing millions of feet—a Camp's year's work, profit $20,000. Columbia River, Oregon.   Copyright 1902, Underwood & Underwood

图 20　1902 年，俄勒冈州哥伦比亚河上的一只原木筏。这只木筏展示出了在链锯和重型伐木设备尚未被发明出来前，林业业务已经具备了一定的规模。几个世纪以来，原木筏一直沿着河流漂流到世界各地的城市。

（图片来源：美国国会图书馆）

图 21 在英国剑桥郡达克斯福德航空博物馆进行飞行表演的信天翁 D.V 战斗机。这架参与了第一次世界大战的德国战斗机采用的是胶合板机身，拥有优美的流线型外观。

[图片来源：安东尼·内特尔 / 图片网站阿拉米（Alamy）]

图 22 英格兰的谢菲尔德冬季花园建于 2003 年，是探索现代胶合木结构应用于建筑的可能性的范例。在这里，每根层压落叶松梁都被弯曲成优美的抛物线，为传统的温室建筑带来了新的生机。请注意这些梁是如何由钢架支撑并固定在底座上的。

图 23 位于挪威布鲁蒙达尔的米约萨塔是一座多功能的建筑，共 18 层，高约 85 米，是目前世界上最高的木制建筑。它的内部由胶合木框架结构和交叉纤维层压木梁支撑，很像中世纪的市政大厅和气球框架式房屋。

（图片来源：罗兰·恩诺斯）

头转。但矛盾的是，他们的生活中要消耗更多的木头。他们需要大量的木柴和木炭来冶炼加工金属器物、制作玻璃、烧制陶器，更别提那些需要烧制 7 次才能制成的精美瓷器。就像英文谚语所说的"马槽里的狗"①一样，富人自己不屑于使用普普通通的木材，但却消耗大量树木生产其他更昂贵的材料，让穷人没有木材可用。他们的世界处处奢华美丽，穷人却得忍受风寒，无安身之所。

---

① 原文是"dog in a manger"，其引申含义"狗占马槽"与汉语俗语"占着茅坑不拉屎"的意义相近。——编者注

第9章

我们的自命不凡

在苏格兰边境的特威德河北岸，俯瞰河对岸的英格兰诺勒姆城堡，有一间名为柯克夫人（最初的全名是斯泰尔的柯克夫人）的教堂。这座教堂的外形非常奇特，整体不高，屋顶上盖着巨大的石板。教堂内一片漆黑，厚厚的石墙和低矮的石拱顶上只留有几扇小窗户。传说这座教堂是苏格兰国王詹姆斯四世下令建造的。1497年，他围攻诺勒姆城堡失败，不慎掉入特威德河的深水中，最后幸运获救。为了感恩获得新生，詹姆斯四世修了这座教堂。这间教堂不走寻常路地采用了全石结构，据说是为了抵御"火灾和洪水"，永远矗立不倒。然而，更有可能的是，詹姆斯四世把它当成了一个安全的瞭望台，用来监视诺勒姆的英国守军。不管最初建造的目的是什么，在教堂竣工之前，詹姆斯四世就去世了，与众多苏格兰贵族及1万名苏格兰士兵一同战死在弗洛登的战场上，那是他对英格兰的又一次投机主义入侵。

詹姆斯四世并不是唯一渴望拥有永久性纪念建筑的人。从石器时代开始，统治精英们就尝试建造能够保存他们记忆的纪念性建筑。同詹姆斯四世一样，他们无一例外地选择了用石头代替木材作为建筑原料。正如我们所见，成功的例子很少。为了将建筑支撑起来，并提高其宜居性，建筑师们不得不再次使用木材。

早在新石器时代，人们就开始对木制建筑难以持久的缺点感到不满：大型木礼堂只使用 30 年左右就腐烂垮倒了。人们不再使用木材修建住宅，转而把许多原有的木房改造成了"亡者之家"：将木屋改造为墓室，将尸体存放其中，然后用土覆盖大厅，建成所谓的"长冢"。位于威尔特郡的"Cat's Brain"（年代可以追溯到公元前 3600 年左右），就是这样的一个长冢。柱孔和土中的木墙留下的痕迹是墓穴原始设计的唯一证明。后来，人们建造了专门的坟墓。他们用大块直立的石板建造墓室，顶部盖上石制过梁，然后在整个建筑外覆上泥土，形成通道墓、墓室和较小的单室墓。这类新石器时代的坟墓遍布欧洲西北部，许多坟墓表面的泥土都已经没有了，露出了被称为"dolmen"[①] 的石头结构，这种形式的建筑让过去的古物学家困惑了很久。通道墓在爱尔兰式巨型建筑中达到了顶峰，典型代表是位于米斯郡的纽格莱奇墓，该坟墓的建造时间可追溯到公元前 3200 年。纽格莱奇墓是一个巨大的半圆形土丘，直径 76 米，高 12 米。一条石头砌成的通道长 18 米，延伸至墓穴深处，其尽头是 3 个带有叠涩拱顶的墓室，亡者的遗体就被安置在此处。

事实证明，如果只是为了安置死者，建造石制建筑是相当容易的。不同于为活人建造的房屋，墓穴不需要完全防水，也不需要有方便活动的房间。所以通道大多修建得低矮狭窄，墓室本身也不大，屋顶用的是粗糙的石板。仪式性的土丘遍布世界各地，有的土丘内有墓穴，有的则没有。公元前 2400 年左右，位于英国威尔特郡的锡尔伯里丘的竣工，让这种风尚发展到顶峰。这个巨大的锥形纪念碑不仅是

---

① 史前时期巨石文化的产物，有学者认为它是一种巨石坟墓，也有学者认为它是一种宗教祭祀建筑物，有"支石墓"和"石栅"的译法。——编者注

一个简单的土丘，而且还是一座结构精巧的石制建筑。它的内部是螺旋形的干砌石墙，这些石墙形成了石笼，中间填满了白垩碎石。整个建筑的外层最终糊上一层黏土用来防水。锡尔伯里丘很大，高约 39 米，占地约 8093 平方米，但与美索不达米亚、墨西哥、安第斯山脉和埃及等地的金字塔相比，锡尔伯里丘就相形见绌了。高约 146 米的胡夫大金字塔，在其建成后的 3800 多年中一直是世界上最高的建筑物，时至今日仍让所有参观它的游客惊叹不已。

这些巨大的建筑主要用石头建造而成，但工程师需要用木制工具来切割石块。采石工人首先用木槌沿着事先画好的线在石头上凿出一条浅沟。然后，他们将干木楔子塞入裂缝，并往楔子上面浇水。吸水膨胀的木头会把石头胀裂，碎石就会掉出来。通过使用这种办法，工人只需耗费很小的力气就可以把石头加工成想要的样子。在新石器时代，这种技术对生活在欧洲和美洲的人来说特别重要，因为当时还没有可以切断石料的金属工具。那个时期，古埃及人还使用一种 I 形的木头或金属扣钉来连接相邻的石块。他们会在石头上刻上 I 形标记，然后插入扣钉。这种技术最常被用来连接底层石块与原生岩石，为整座建筑打下坚实的地基。

新石器时代晚期，不列颠地区的人们还开发出了另一种让人赞叹不已的土方工程。这类工程涉及的工作量不大，所需的施工技能也不是很多，它便是环形石木结构建筑物（在英文中称作"henge"）。这种建筑由凸起的堤岸和内部沟渠组成，虽然构造简单，但建造规模可以很大。这类建筑中最让人印象深刻的是鲜为人知的桑伯勒圆阵，它位于英格兰约克郡，距离里彭市很近。该圆阵共包括 3 个呈折线形排列的环状物，它们的相对位置与猎户座腰带上的 3 颗星星一致。每个圆环的直径都超过 228 米，堤岸高 2.7 米，而腰带的长度超过 1600

米。最初建造时，堤岸上可能涂满了该地区地下出产的白色石膏，当时看起来一定特别壮观。可能是为了使较小的圆阵更好看，人们开始在堤岸边或圆阵内部立一些垂直的构件。根据威尔特郡等地祭祀景观周围的柱洞，我们可以推断这些直立物最初是由木材制成的，类似于太平洋东北地区美洲大陆上的图腾柱。这一类建筑中最著名的是"巨木阵"，这个名字取得可谓毫无新意。它位于名气更大的巨石阵东北方向3200米处。巨木阵的总直径约为110米，并不是特别大，但其内部的柱洞若连成线就形成了6个同心圆，最大的那个同心圆的直径为43米。当然，这些柱子一个都没有保存下来。在20世纪50年代，英国建筑工程部才用矮小的混凝土墙标出了巨木阵的位置。如果你把它当成一个旅游景点来参观，那你很有可能会失望。不过，全盛时期的巨木阵应该非常宏伟。从外面看，第3环的柱洞比其他柱洞更宽、更深，这意味着这一环的柱子更高更粗，支撑着中央的栋梁。最近，巨木阵得到了重建，它不是一堆排列混乱的木头柱子，而是一个大型的环形建筑，中央露天的区域摆放着举行仪式用的石头，就像巨石阵的青石一样。

巨木阵所属的仪式景观还包括另一个大型木阵，名为杜灵顿墙。考古学家近期提出，木阵在礼制上属于生者的领域，巨石阵和其他石质建筑则属于亡者的领域。然而，巨石阵可能曾经也是一个木制建筑群：中央的青石和周围的萨尔森石被几圈柱洞所包围，和巨木阵很像。因此，这些石头最初可能被一个巨大的环形木制建筑所覆盖或包围。考古学博主杰夫·卡特甚至认为，萨尔森石及其上方的横石可能是一座巨大木制寺庙的承重结构。在我看来，这个想法是有说服力的，否则在荒凉多风的平原上，露天举办仪式很容易受到恶劣天气的干扰。

当然，完全用石头来建造建筑也是有可能的，石头既立得稳，又能为死者和生者提供遮蔽。其中，圆形的石制建筑尤为成功。比较有名的是意大利普利亚的土利屋和爱尔兰西海岸斯凯利格·迈克尔修道院的蜂巢小屋，它们都有着用石块层层叠起来的防雨屋顶。与这两例小型建筑在规模上形成鲜明对比的，是伊斯坦布尔的阿亚索菲亚博物馆和罗马的万神殿，它们都有着巨大的石头穹顶。在圆形建筑中，屋顶的石头紧密相扣，相互支撑。然而，用石头为矩形建筑建造屋顶要困难得多。迈锡尼人在迈锡尼和阿尔戈斯确实使用了叠涩法来建造矩形建筑，但为了使建筑能够立稳，他们使用了大量的厚墙和巨大的过梁。因此，当欧洲、中东和南亚的统治精英们试图用石头代替木材来建造更持久、更华美的寺庙和宫殿时，他们都面临着同样的问题：如何建造既稳固、性价比又高的建筑？后面我们会看到，建筑师通常采取的办法是将木结构隐藏在石结构中。纵观建筑发展史，我们会发现人们越来越擅长利用木材来稳定和保护石制建筑。

对建筑师而言，他们需要考虑气候给建筑物造成的影响。而埃及沙漠地区的天气给建筑师带来的麻烦是最小的。那里的普通人用简单的泥砖墙建造房屋，用棕榈树叶的中段做成的横梁支撑起平屋顶。而那些古老的寺庙需要更雄伟一些，它们的房柱用的是棕榈树的树干或扎成捆的纸莎草茎。为了用石头打造出同样的效果，建筑师们用石墙替代了泥砖墙，用石材复刻了树干和纸莎草茎捆。他们很快意识到，有了这种技术，他们就能够扩大建筑物的规模，使用比棕榈树更粗的柱子。幸运的是，对建筑师来说，用石头代替砖墙和木柱并没有带来什么结构上的问题；重量只是压在石头的轴线上，而且竖直的墙体是稳定的。像古埃及神庙大门和塔式门楼这种墙体略微朝屋顶倾斜的构造就更加稳定。唯一的问题在于屋顶。由于石头的韧性和抗拉强度较低，当细长的石头过梁或横梁架在两根柱子之间时，它们的下缘容易开裂，并在自身的重量下断裂。因此，古埃及神庙必须用厚实的石制屋顶板，而且房柱与房柱也必须挨得更近，以减少过梁上的压力，不过这样会让下面的空间变得杂乱无章。寺庙的某些区域直接是露天的，因为在埃及的干燥气候下，不用担心举行仪式时会下雨。

以帕特农神庙为代表的古希腊神庙基本上也是早期木制神庙的石制版本。和古埃及人一样，古希腊人也用石头代替了泥砖墙和树干柱，但他们还要解决石制屋顶的防水问题，而且随着庙宇规模的扩大，这一问题变得越来越棘手。古希腊建筑师的解决办法是偷偷将木梁藏在屋顶结构中。古希腊神庙的屋顶很长，有微微倾斜的坡度，屋脊纵贯整座寺庙，屋顶边缘连着下方的石柱廊。屋顶上盖着瓦片，从外面看很像现代房屋的屋顶，但用的是最原始的工程技术。支撑屋顶栋梁的不是桁架，而是过梁上方的短支柱，过梁则由内墙或神庙内的柱子支撑。这种构造会让过梁承受较大的弯曲力，所以过梁必须做得粗重一些，下方两边支撑柱的间隔距离也要控制好。因此，古希腊神庙虽然从外面看恢宏典雅，但在其内部，成排的柱子束缚着狭窄的中央空间，黑暗而幽闭。即使是帕特农神庙，其支撑柱之间最宽的距离也只有 10 米左右。事实上，对早期石制建筑来说，10 米似乎是简单的木制门楣的最大安全跨度。例如，《列王纪》告诉我们，所罗门圣殿长 60 腕尺（约 27 米），宽 20 腕尺（约 9 米），支撑屋顶用的雪松横梁购自推罗国王希兰，这大概是当时最大的建筑构件。

古罗马人率先建成了大跨度结构的建筑。我们在第 7 章提到，古罗马人之所以能成功，是因为他们发明了木制屋顶桁架，其中屋顶椽子的外推力由水平系梁产生。这一技术使早期古罗马教堂中殿宽度能超过 19 米。除此之外，他们在建筑上还有另一项创新——拱门。他们在中殿侧壁上打洞，开辟出通往侧廊的通道。倾斜的屋顶可以遮住侧廊。古罗马的教堂都非常壮丽。旧圣伯多禄大殿是古罗马皇帝君士坦丁大帝在公元 320 年左右建造的，这个建筑一直存留到 16 世纪，它的中殿大约有 24 米宽。现存最惊艳的古罗马桁架屋顶是万神殿的门廊入口，中央几对柱子之间的跨度达 14 米。据说，最初的桁架外层是用青铜做的，但在 1625 年被教皇乌尔班八世拆除，铸成了 80 门大炮，这种暴殄天物的庸俗做法被同时代的人讥讽为"野蛮人都没做的事，巴贝里尼做了"（quod non fecerunt barbari fecerunt Barberini，拉丁语中"野蛮人"和乌尔班八世的姓氏"巴贝里尼"谐音）。由于古罗马人有时也会在建筑的走廊顶部甚至是中殿上方修建桶形拱顶，所以我们现在往往会强调拱门的重要性。但我们也要记住，古罗马建筑的拱顶之上还有一个木制的屋顶桁架可用来遮阳避雨。

中世纪的石匠改进了古罗马的建筑设计。世人普遍认为哥特式教堂的尖拱是石制建筑的杰作。然而，如果没有木材，这些建筑永远立不稳，也无法做到防水。在较小的教区教堂中，这一点尤为明显。木匠会给小教堂修建简单的木制屋顶，屋顶由不同设计的桁架支撑，基本等同于什一税仓谷屋顶的翻版。这种设计非常成功，既轻便又经济。

只有在修建宏伟的大教堂时，建筑师们才会全力以赴给人们留下他们的建筑完全是由石头建成的印象。他们在中殿和唱经楼上方修建高耸华丽的尖顶，这是哥特式建筑的标志。大量的文章赞扬了这些建筑背后的工程天才，而他们成功的关键在于，将沉重的尖拱顶施加在中殿墙壁外的推力向外传递到飞扶壁上，然后最终通过走廊的矮墙向下传递到地面。哥特式拱顶看上去精巧无比，其实不过是美化后的天花板。当导游带你参观大教堂屋顶时，你会发现，石制拱顶上方实际的屋顶是由巨大的木桁架支撑的，这些木桁架由树干般粗的巨大横梁连接在一起，支撑着覆盖着瓦片或铅板的屋顶。不幸的是，拱顶和屋顶之间的空间就像一个宽阔的走廊，一旦起火，火势就容易沿走廊蔓延。这也就是为什么巴黎圣母院大教堂的火灾会沿着中殿迅速烧起来，差一点让著名的钟楼毁于一旦。意大利人从不像北欧人那样迷恋拱顶，他们觉得飞扶壁是一种丑陋且不够庄重的建筑结构。在许多意大利的宏伟教堂中，特别是那些由方济各会兴建的教堂，人们用木制屋顶桁架支撑的典雅天花板代替了石制拱顶。以伟大的佛罗伦萨圣十字圣殿为例，中殿宽 20 米，高 30 米，天花板上有华丽的彩绘；由于不需要沉重的外部扶壁支撑，教堂内部光线充足，空气清新。

在英格兰，为了减少建筑物对精美飞扶壁的依赖，石匠和木匠想出了另一种办法。他们在 14 世纪末发明了垂直式风格的平拱和优雅的扇形拱顶，将木制屋顶桁架固定在石制拱顶上方不远处的墙壁上，减少施加在石头上的弯曲力。剑桥大学国王学院礼拜堂是垂直式风格的代表作，单层中殿高 29 米，宽 12 米，巨大玻璃窗外的视野几乎没怎么被外部支撑结构遮挡。在欧洲，许多建筑师都不用石制天花板，只使用木结构。比如北欧最大的中世纪哥特式教堂之一的约克大教堂，其 15 米宽的中殿上方的石头拱顶是假的，实际是涂了颜料伪装成石头的木头，其重量只有石头的 1/10，支撑上方屋顶的是一个木制剪式桁架。1984 年 7 月 9 日，闪电击中了约克大教堂南面耳堂的屋顶，引发了一场火灾。大火不仅造成了 285 万美元的损失，还让假石头拱顶的事实暴露在了大众眼前。当时有些人认为这次的雷电是神的旨意，因为 3 天前达勒姆主教在该教堂举办了一场祝圣仪式，而该主教本人不承认基督的肉身复活。如果真的是这样的话，那么上帝发出的闪电可能准头不太行——打得太偏南了，因为火灾发生时，主教已经回到了达勒姆。其他轻质木屋顶的建造则更加公开化。位于剑桥郡沼泽地边缘的伊利大教堂就以其木制八角形穹顶而闻名，该屋顶横跨教堂中央的交叉口。这座美丽的八角塔的前身是一个失败的石塔，石塔对软土地基来说实在是太重了。

由于石头的抗拉强度低，哥特式教堂还有一个部位容易出问题——尖顶。在大风天气，这样高耸纤细结构的迎风一侧会承受较大张力，石头容易被刮断，从而导致结构失衡。为了解决这一问题，人们想出了各种方法。在德国，许多大教堂的尖顶是镂空的丝状结构，这种设计能让风从中间通过，从而减少对建筑的影响。还有一个简单的替代方案就是用木材制作尖顶。这一方案的效果很好，但由于日夜暴露在大自然的风霜雨雪中，尖顶很容易变形。在经受了几个世纪的德比郡的细雨后，切斯特菲尔德教堂的尖顶就弯成了螺旋开瓶器的形状，还因此出了名。从巴黎圣母院失火就可以看出，木制尖顶更容易受到火灾的影响。究竟怎样才能解决尖顶的稳固性问题，最具独创性的解决方案是威尔特郡索尔兹伯里大教堂的建造者想出来的，直到20世纪，该教堂都是英国最高的建筑。建造石制尖顶时，他们用到了沉重的内部木制脚手架，建完后，他们没有拆除脚手架，而是通过铁制构件将其悬挂在了顶部的石头上。脚手架的重量给尖顶预先加载了压缩力，从而使其保持稳定。

世俗建筑的建筑师们采用了完全不同的方法来支撑屋顶。英国许多礼堂的屋顶都有着巨大的橡木桁架。起初，大多数礼堂都被建成了什一税谷仓那样带走廊的建筑，其中心桁架由建筑物中间区域两侧的柱子以及过道上方倾斜的屋顶来支撑。后来，木匠们把这两排柱子去掉了，建造出漂亮的"锤梁"屋顶。在这一结构中，弧形的和笔直的木梁纵横交错，仿佛被装饰性浮雕两端的天使托了起来，凭空悬浮在突出的锤梁上方。每对锤梁间的拱形结构更是加重了这种错觉。但事实上，这类锤梁屋顶非常沉重，属于过度设计的桁架，这一结构的柔韧性将屋顶大部分的外推力转移到了墙壁上。威斯敏斯特中央大厅就是采用锤梁屋顶最著名的例子，这座大厅也是威斯敏斯特宫现存最古老的建筑。锤梁屋顶下方的开放区域宽达 20 米，但大厅外墙必须用巨大的扶壁从外面支撑起来，防止墙体倒塌。

中世纪最壮观的木顶建筑可能是意大利帕多瓦法理宫。这座中世纪建筑的屋顶有着优美的弧度，宛如翻转的船身，长约 80 米，宽约 27 米。对木建筑爱好者来说，去那里还有一个额外的好处——可以看到一个高达 6 米的巨大木马雕像。至于这座雕像为什么在那里，人们又是如何把它搬去那里的，至今还是一个谜，没有一个导游能给出解释。

到目前为止，我们聊到的主要是公共建筑。当富人和权贵开始用石头建造大型私人住宅时，也出现了一些问题，而这些问题只能靠木材来解决。后来建造的城堡、宫殿和宅邸通常有几层楼高，建筑者不得不在墙壁内嵌入木梁来支撑上面的楼层。参观被毁坏的城堡时，你就会发现梁柱孔的位置一般低于壁炉。建筑师们还为宫殿设计了轻巧的木制屋顶。伟大的威尼斯建筑师安德烈亚·帕拉第奥最先设计出简单实用的屋顶桁架，欧洲各地的建筑师们也纷纷效仿他的做法。但是，随着人们将帕拉第奥式宅邸修在了越来越靠北的地方，新的困难出现了——寒冷。意大利的气候非常适合建石制建筑，石头的高热容量可以使建筑在炎炎夏日时刻都保持凉爽。但是，到了寒冷潮湿的北欧，石头的高导热系数意味着冬天时热量会丧失得特别快，而高热容量则意味着一旦温度降低，就需要花很长时间才能再次升温。冬天的石头教堂非常冷，只要去那里听一场圣诞颂歌音乐会你就能真切体会到这一点——必须得裹得严严实实才待得下去。中世纪，贵族们会在室内挂上挂毯，这在一定程度上解决了住在冰冷石头城堡里的取暖问题。在后来的宫殿和豪宅中，建筑师们用木制镶板代替了挂毯。木材的隔热性能之所以优于石头，主要是因为木材是由细胞构成的，无数微小的空气空间限制了热量流动。在阻止热量流失方面，木材比石头强10倍，而且因为镶板是通过板条固定到石头上的，由此就留下了额外的空间，起到了空腔隔热的效果。乡间别墅中最舒适的房间莫过于图书室，因为不仅镶板和书架可以保温，书籍本身也能为房间保温。此外，木材甚至还被用来在窗户处隔热。在南欧地区，装在室外的百叶窗可以阻隔太阳热量，让凉爽的空气在室内流动。在北欧，折叠式的百叶窗安装在室内，晚上关窗节约热量，白天开窗让更多的阳光照射进来。

对石制建筑而言，木材还有一个重要作用。第7章中我们谈到，木制建筑接触土壤后容易腐烂，因为木材会在干湿状态间不断交替变化。但是木材在恒定干燥状态下非常稳定，在恒定潮湿状态下还能很好地抵抗腐烂，这是因为分解木材的真菌菌丝不能在无氧环境下生存。活着的树木不会感染真菌病，就是因为它们的细胞中充满了水。只有当树木死亡并开始干枯时，才会受到真菌的攻击。许多位于西欧泥炭地的教堂，如建在英格兰东部沼泽地带的伊利大教堂，其木制地基是深埋在潮湿的泥炭中的。欧洲许多大城市的建筑也是如此。在威尼斯、阿姆斯特丹和汉堡，大多数建筑都由木桩支撑。在威尼斯，一些用于支撑建筑的榆木木桩长达18米。人们将一排排巨大的木桩穿过柔软的淤泥，插入下方坚硬的黏土中，在地下水位以下的位置把木桩推平，在木桩上铺上木板，最后再打上砖石地基。在下面给予支撑，在上面施加庇护，在里面帮助隔热，木材之于欧洲石制建筑和砖砌建筑的舒适性及稳定性一直是功不可没的。

尽管在欧洲和中亚大部分地区，石制建筑取代了木制建筑，但在远东地区，情况却不是如此。中国和日本的寺庙、宫殿仍然使用木材来建造，其中包括现存最大的宫殿建筑群——北京紫禁城。西方工程师历来认为中国建筑采用的是相当原始的结构，因为它们没有使用西方建筑师用来支撑屋顶的桁架。中国建筑中的所有梁柱都是互成直角的，建筑师没有选择通过三角形来增加建筑刚性。比如，在一个典型的寺庙建筑中，建筑前后的柱子只支撑一根大的水平横梁。这根水平横梁支撑着上面的较短的立柱，立柱又支撑着更短的横梁。在这种奇特的阶梯式构造下，沉重的屋顶实际上是由每根横梁两端的立柱支撑的。这种设计意味着横梁承载着较大的弯曲力，必须使用又厚又重的木材才能承受住屋顶的重量。但这种设计有两个优点。首先，建筑师能够建造出优美的弧形屋顶，如果用的是三角桁架结构的话，就不可能实现这一点。其次，也是结构上最主要的优点，柱和梁都是通过复杂的木结构连接上方的结构和屋顶，这种结构被称为"斗拱"。斗拱由许多互锁的木制构件组成，构件之间成直角连接在一起，形成一个松散的结构，既能承重，又能减震。中日两国的建筑为什么采用这种复杂的结构，想想这两个国家所处的板块位置，答案就很清楚了。中国和日本都位于环太平洋地区，容易发生大规模地震。中国工程师最近的研究表明，灵活的设计和减震斗拱可以保护建筑物不受损害。地震来袭时，地面发生位移，柱子摇晃，沉重的屋顶在惯性的作用下保持不动，产生的能量被斗拱吸收。模型测试表明，这些建筑可以承受里氏10级以上的冲击，而10级地震有史以来还尚未发生过。因此，紫禁城能屹立600多年也就不足为奇了。在日本，还有许多更古老的寺庙。日本法隆寺的佛塔可以追溯到公元600年左右。与其他佛塔一样，它的中央有一根木柱，如果发生地震，木柱的灵活性可以为佛塔提供进一步保护。木柱摆动时会吸收地震产生的能量，防止建筑其他部位被损坏。为了享受这种先进抗震设计带来的好处，当地人愿意在别的方面做出让步，比如，他们提高了防火警惕性，以及每隔几百年就更换一次木梁。

因此，在一些地方出现了奇怪的现象，一些古老的石制建筑早已不复存在，而看似脆弱的原始木制建筑却存留了下来。在尼罗河西岸矗立着的著名的拉美西姆祭庙是古埃及法老拉美西斯二世的葬身之所，历经几个世纪的地层下陷后，神庙及法老雕像只剩下巨大的残骸。当人类试图用石头制作永久纪念物时，我们完全可以用雪莱的诗来评价这一愚蠢行径："'功业盖世，强者折服'……而如今一切荡然无存。"

第 10 章

限制视野

　　苏格兰国王詹姆斯四世不仅想要建造永恒的建筑，而且还胸怀为基督教世界夺回巴勒斯坦的伟大计划。为此，他下令建造了一支由38艘战舰组成的舰队，由一艘巨大的旗舰"迈克尔号"领导。迈克尔号是一艘四桅帆船，长73米，宽11米，排水量约为1000吨，是当时世界上最大的船。但是，建造过程中出现了后勤问题。由于当时的苏格兰没有足够大的船坞来建造这种体量的船，所以詹姆斯四世不得不为此修建一个新的港口，也就是如今位于爱丁堡北部3000米处的纽黑文港口。这艘船花了5年时间才完成，据说为此砍掉了"法夫郡所有的树林"。1511年，迈克尔号下水；1512年，安装了24门用于侧面射击的重炮。迈克尔号让英格兰国王亨利八世妒火中烧，于是乎，这位出了名自负的君主建造了一艘更大的船，并"谦虚"地将其命名为"主恩亨利号"。该军舰有两层炮甲板，配备43门重炮，总排水量约为1500吨。然而，无论是迈克尔号还是主恩亨利号，职业生涯中都没有什么亮眼的军事战绩。当时，为了分散亨利八世针对路易十二的攻击，詹姆斯四世遵守老同盟承诺，决定不去东征，转而支援法国。正如历史所记载的，詹姆斯四世在1513年领军入侵英格兰，在弗洛登战役中殒命，迈克尔号以4万里弗尔的低价被卖给了法国。至于亨利八世的那艘船，人们后来发现它头重脚轻，不够稳定，因此不得不把它改造得稍微小一点，变成了一艘外交船只。主恩亨利号执行过最重要的任务就是在1520年把亨利八世带到著名的金缕地。在那里，亨利八世与弗兰西斯一世展开了一场即兴摔跤比赛，亨利八世大败而归，法国人至今仍对此津津乐道。

从更高的层面来看这段历史，我们会发现这些事件不仅展现了强者的傲慢和愚蠢，还反映了技术的停滞。在更久远的年代，人们造出过比迈克尔号和主恩亨利号更大的船。例如，公元前240年，叙拉古的僭主希伦二世建造了名为"叙拉古号"的巨型三桅平底船，这是世界上第一艘大型游轮。这艘船有3层甲板，只有最下面一层用来装载货物，大约可载1700吨谷物，这也是西西里岛当时最大规模的出口量。中层甲板用于载客，里面包括30间客房、1间小教堂、1间图书馆、1间健身房和1间澡堂，每间屋子都装修得很精美，贴着大理石板，随处可见绘画作品、雕像和绿植。顶层甲板驻扎着海军陆战队并存放军事装备，以保障这艘豪华游轮的安全。就像19世纪伟大的英国工程师伊桑巴德·金德姆·布鲁内尔主持建造的"大东方号"一样，叙拉古号乘风破浪前要克服的第一道坎就是得先顺利下水。不过好在希伦二世可以随时召见他的御用天才工程师阿基米德来解决难题。另外，叙拉古号巨大的主桅是由陶尔米纳工程师菲利亚斯从意大利北部的山区运来的。遗憾的是，这艘船对当时大多数港口而言都太大了，所以它只出过一次海，那一次它航行至亚历山大港，作为礼物被送给了托勒密三世，并改名为"亚历山大号"。希伦二世的船显然是个面子工程，和迈克尔号还有主恩亨利号在本质上并没有什么差别，但古罗马人后来建造出了同等大小的实用船只，有的尺寸甚至更大。这些船大多数是用来运送埃及产粮区生产的大量粮食，它们需要在地中海上航行近2000千米到达帝国的首都罗马，每艘船可以装载

1000 吨~1200 吨的货物。在公元 2 世纪，其中一艘船被海风吹到了雅典，所以我们非常幸运，可以读到作家琉善初见这艘船时满怀激动之情写下的一段文字：

> 这艘船真大呀！船上的木匠告诉我，船身有 55 米长，14 米宽，从甲板到舱底最深处有 13 米。它的船桅、甲板和前桅支索看起来是如此壮观！艉柱呈优美的曲线，顶端有一个镀金的鹅头雕塑，与之相对的船头部分线条更平整，两边都有女神伊希斯的塑像，这艘船的名字就叫作"伊希斯"！那光滑的漆面，桅杆上飘扬的红色旗帜，前甲板上的锚、起锚机和绞盘，船尾的住宿设施无一不让我惊叹折服。船上的船员想必得有一支军队那么多。

古罗马皇帝后来下令建造了更大的船只，从古埃及将方尖碑运到古罗马周边地区进行装饰。现在矗立在圣彼得广场前的方尖碑高约 25 米，重约 500 吨。公元 40 年，为了把它运到古罗马，卡利古拉皇帝造了一艘巨大的船，加上作为压舱物的 800 吨扁豆，船的总负荷达到了 1300 吨。

能与这些古罗马船只在尺寸上一较高下的，只有 17 世纪西班牙帝国最大的马尼拉大帆船和 18 世纪英国东印度公司的商船。在用木材造船方面，古罗马工匠似乎已经探到了技术的天花板，而且这仅是古罗马人取得杰出成就的领域之一。在木制屋顶桁架方面，古罗马建筑师也做到了跨度的极限——约 24 米。古典时代之后，两轮和四轮货运马车的体积就没有变大过，车轮的设计从铁器时代一直到 19 世纪都没有改变，马车和战车的行驶速度也没有提高。木制房屋、家具和农具（如犁）在设计上也没有什么变化。从古罗马时期一直到 16 世纪锯木厂开始发展，在这期间，木工工具几乎没有任何改进。人们使用木材制造其他材料（金属、陶器、玻璃和皮革）的方式也没有任何重大变化，在制盐、制肥皂、印染或明矾生产中的工业用途上也同样如此。近代末期的城镇规模并不比古代的大多少，人口密度和农业产出也没有提高。难怪欧洲人如此崇拜古人，对古代世界的学问心存敬畏，他们对自己改善境况的能力缺乏信心。

我们在后面将会看到，造成这种情况的原因并不如想象的那么明显。人类对木材的依赖不仅影响了当时工程技术的发展，还影响了前工业社会的结构。木材改变了我们的身体和思想，也塑造了我们的文明。但在这一过程中，木材也阻碍了我们的进步。它限制住了经济、人口和科技的发展，让人类形成了一套保守的世界观。

木材是日常生活中如此重要的组成部分，所以有人可能会认为是木材生产的限制导致社会难以取得发展。正如我们前面谈到的，几乎所有的日常物品都是木制的，而那些非木制品则需要消耗大量的木材来生产。比如说，在中世纪，冶炼 1 磅①铁需要用到 30 磅左右的木材。人们做饭取暖消耗的木材更多。更别说木材还是当时制盐、酿酒、鞣革、缩绒和印染等主要工业生产的重要能源。在国际象棋的术语中，"wood"意味着过度劳累。随着人口的增长，土地被开垦为农业用地，森林遭到砍伐，木材供应进一步减少。你可能会认为，这一趋势最终会导致木材短缺，阻碍物质层面的发展。有这样的想法并不奇怪，毕竟，在广为人知的历史中充满了各种因使用木材而导致乱砍滥伐、引发灾难的故事。

---

① 1 磅≈454 克。——编者注

但是，我们有必要检查一下这些故事是否经得起推敲。最好的确认方法之一就是进行粗略的"数量级"计算。在这种情况下，我们需要对比木材的用量和供应量。最近，有经济和环境史学家已经开始使用这种方法做研究，他们的研究成果非常具有启发性。例如，东安格利亚大学的保罗·沃德就计算出，在17世纪50年代的英格兰和威尔士，人们每年靠烧木柴可以获得约20万亿焦耳的热量，略高于人们自身新陈代谢所消耗的能量，以及农场动物所消耗的能量。每燃烧1磅木头可产生约730万焦耳的能量，相当于每年约有120万吨木头被烧掉。这个数字看起来很大，但林务人员发现，矮树林地每年每英亩可生产约2吨木头，因此只需要大约60万英亩或950平方英里^①的矮树林地就能生产这么多木头——仅占英格兰和威尔士总面积的1.6%。但是，供应这么多木头需要多大面积的土地呢？

乔木林的生产效率比矮林要慢，主要原因有两个：首先，乔木树冠发育成熟需要很多年；其次，随着乔木长高成熟，向树冠输送水分的难度加大，不得不在白天早些时候关闭气孔停止光合作用。因此，乔木林的生长速度只有矮树林的一半左右，每年每英亩产量约为1吨。但即便如此，1400平方英里左右的林地也足够满足人们对木头的需求，所需林地总面积仅占可用土地面积的4%。然而，我们知道，在前工业化时代，英格兰和威尔士的林地总覆盖率实际上只有10%左右。所以，答案很明显，我们不能把经济增长乏力归咎于木材生产效率低，即使是在英格兰这样的可能是欧洲森林最少、人口最稠密的国家。

然而，尽管树木的生长速度能够满足前工业化国家所有燃料和木

---

① 1英亩 = 0.0040469 平方千米。1平方英里 = 2.5899881 平方千米。——编者注

料的需求，就连英国等人口稠密、森林覆盖率低的国家也不在话下。但是，在实际砍伐和运输的过程中会出现种种问题。在森林中，树木均匀地分布在广袤的区域内，但每平方千米成熟的矮树林只能生产约1万吨木材，而且木材并不是能量密集的燃料。每单位质量干木材所含的能量只有煤的一半，密度只有煤的40%左右，所以它的单位体积所含的能量只有煤的1/5。采伐树木、切割木材，然后将其存放在有限的空间内，整个过程非常耗时。英国伐木工人一般会将砍下的木材切成相对较直的小段，然后捆成90厘米长、20厘米粗的柴把，只有这样才能用马车运出森林。运输木材会遇到重重困难，特别是在所经地区没有通航水道的时候，需要克服的困难会更多。在前工业时代，道路状况不佳，轮式运输速度慢且价格贵，如果运送距离达上千米，费用就会变得非常高昂。

上述这些对居住在村庄和小城镇的居民来说，并不是很大的问题，因为人们在当地采购木材很容易。但对居住在较大城镇的居民而言就比较麻烦了。来自荷兰瓦赫宁根大学的阿德·范·德·沃德和他的同事以丹麦的欧塞登为例，做了一下推算。欧登塞有居民5000人，每年大约需要7500吨木材，通过开发16平方千米左右的林地就可以满足这一需求量。如果该地区的林地覆盖率为20%左右，再允许商品果蔬种植业使用周围78平方千米左右的土地用来耕种供应当地的食物，那么算下来整个开发区的直径为9.7千米左右，这样下来，即使只有公路交通，运输也很方便。但是，如果居民人数为5万，即欧塞登人口的10倍，开发区的直径就需增至约32千米；如若居民数量为50万，那需要一个直径约为97千米的区域，对中世纪糟糕的路况来说，这个运送距离太远了。

因此，难怪在中世纪的欧洲只有拥有港口和大型通航河的城市才能发展到相当大的规模。作为欧洲大陆上最大的城市，巴黎在1600年就有大约40万居民，巴黎居民所用的大部分木材伐自勃艮第大区莫尔文山脉的山毛榉矮林。载着木材的船只沿着约讷河和塞纳河顺流而下，航行190多千米才能到达巴黎。这项木材贸易对城市运转非常重要，为了方便运输，整个塞纳河流域都进行了改造。其他内陆大城市也以同样的方式供应木材，其中莱茵河的木材供应路线让人印象最深刻。莱茵河是运输软木的主要渠道，这些软木采伐自德国西南部的黑森林，沿着莱茵河一直被运输到斯特拉斯堡和科隆等城市以及荷兰的城区。林业工人建造了木制滑道，可以将原木顺着山势滑入莱茵河的支流。然后人们将这些原木扎成筏子，顺着莱茵河向下漂流。这些木筏可以做得特别长，每根原木都用木绳与其前后的木头绑在一起，驶过弯曲的河道时，木筏也能顺着水势弯曲。这些木筏需要以家庭为单位来看管，人们用长杆和舵来操纵木筏，晚上将木筏打入河床抛锚休息。

想要向城市提供足够市民用来取暖和做饭的木材，困难多且成本高，所以将燃料密集型工业放在城区完全划不来。工业区的最佳选址是在远离城市、树木繁茂且不生长作物的地方，这样就几乎不存在对土地的竞争。相较于工业时代的大型城市工厂，在前现代时期，工业单位主要是小规模的农村企业。例如，在北欧，玻璃制造商生产的是"森林玻璃"。他们燃烧山毛榉树，溶解灰烬，析出纯净的碳酸钾晶体，然后将其作为助熔剂添加到玻璃的主要成分沙子中，并用木炭作为窑炉的燃料。肥皂也是一种森林产品，由碳酸钾和动物脂肪混合制成。火药是在远离主要定居点的地方制造的。人们通过燃烧赤杨木获得活性炭。赤杨木多孔且导管很大，在水分充足的土壤中能迅速生长，这使得赤杨木制成的木炭具有足够大的表面积，能快速燃烧。在奥地利的盐矿，人们从阿尔卑斯山边的森林采伐木材，然后生火加热盐水，使其结晶成粗盐。

对林地和开发面积需求量最大的是钢铁行业。铁厂必须得设在富含铁矿石、林地资源充足，以及土地竞争小的地方。从古罗马时期开始，威尔德地区一直是英格兰的炼铁业中心，这个地区包括肯特郡、萨塞克斯郡和萨里郡，那里有着大量的白垩纪时期的岩石、富含铁的砂岩和无渗透性的黏土。19世纪初，这里发现了世界上第一批恐龙化石。这里的黏土适合橡树、山毛榉和榛树生长，人们将这些木材制成木炭，用来冶炼铁矿石，并在小溪上搭建水磨，驱动锤子给铁器塑形。整个威尔德地区是一个工业重地，被开发得非常充分，人们通过密集的矮林作业来保障稳定的木炭供应。这里农业用地需求很小，因为黏土太重，难以耕种，而砂岩土不够肥沃，无法种植谷物。这样的地理环境与威尔德（Weald）这一名字非常相符，"Weald"的意思是"林地"，由日耳曼语中"wald"（森林）一词演变而来，威尔德也是全英国树木最茂密的地区之一，如今该地区涌入了很多伦敦上班族。其他几个以生产钢铁而闻名的地区，树木覆盖率仍然很高，例如南约克郡谢菲尔德附近的丘陵地带，以及温德米尔湖周围的南湖区，后者因当地的浪漫主义诗人而闻名。在西欧和北欧，钢铁工业中心包括比利时的阿登森林和瑞典北部，那里铁矿资源非常丰富，人们将周围的大片针叶林木制成木炭，用来冶炼铁矿石，然后在夏天将成品从波罗的海沿岸运出。

如果说前工业时代的欧洲工业是小而分散的，那么基于木材和铁制品的手工业也差不多是如此。树林里到处都是煤矿工人、车工和木匠。每个村庄都有自己的木匠和铁匠，每个集镇上都有建筑工、车匠、轮匠和细木工人。把这些小生意做大的可能性很小，也不需要多高的投资。因此，当时的环境并不适合风险资本主义和工业化的发展。

想要提高木材贸易的生产力和产出，需要克服重重阻碍，供应问题只是其中之一。正如前文所说，木匠使用手工工具作业，即使是做最简单的木制品，过程也相当复杂且耗时。木匠得先将木材切割成需要的尺寸，然后花更多的时间设计、测量、标记和切割连接构件，最后用动物胶黏剂将各个部分连接起来。乔治·艾略特伟大的田园小说《亚当·比德》开篇描写的就是当地的木匠：某一天傍晚，亚当那壮硕但愚笨的弟弟塞思·比德宣布自己做完了一扇门（但其实他没有）。制作一扇门要花上几天的时间，而且这还不包括伐木工人挑选和砍伐树木的时间、锯木工人切割成木板的时间、木板静置风干的时间，以及最后甄选合适木板的时间。整套流程几乎与现代的"即时生产"完全相反。即使在今天，木匠仍然更多地追求品质和完成度，而非速度和效率。木工涉及大量的技术性工作，劳动力成本很高，所以即使在富裕的家庭中，家具也很少，稀有的橡木椅子、桌子和柜子一般会用好几代。复杂物件需要的制作时间更长。做轮子要花好几天，做手推车要用几周，造船甚至要好几年。因此，尽管只有一小部分木材用作建筑材料，但木制品的产量仍然受到劳动力规模和高劳动力成本的限制。

木材加工业的小规模性和分散性同样阻碍了技术的进步和创新。即使一名工匠在工艺上取得了创新，但由于很难传承下来，因此也不可能惠及整个行业。工匠行业是世代相传的，主要由父亲传给儿子，技术通过实例操作来展示，没有书面指导，有的甚至连口头指导也没有。工匠对行业的了解不是通过学习教材获得，而是通过长期的学徒生涯习得。木工作坊平均地分布在农村里，不同的木材行业之间几乎没有联系，新技术传播得很慢。工匠一直遵循着传统作业方式，他们的工作理念差不多可以概括为"祖师爷用的方法就是正确的方法"。这种对传统的尊重其实是一种保守的特质，这样做可以维持标准，规避错误，但也扼杀了创新。不同地区的木材行业都有自己的工会，他们会保护本工会的秘密，既不让外人知道，也不让其他工会的人知道，以防新想法外泄。由于工匠未能用语言表述操作流程，以身示教的教育方式最终限制了技术的发展。因此，老木匠在设计上出现的基础结构缺陷，若新木匠不知变通就会一犯再犯。

传统木结构设计中的主要缺陷源自木材的各向异性，即木材在横向和纵向上的力学性能是不一样的，这给木匠工作造成了巨大的困难。在连接构件时，木料很容易开裂。我们在第 7 章中谈到过，为了克服这个困难，木匠们将各个部分按直角连接，然后用榫卯结构固定。榫卯接头能很好地承受轴向力，防止木器的两个部件被拉开（尤其是胶粘部件），所以木结构很少断裂，这样的设计可以说是极具匠心的。然而问题是，尽管连接处足够结实，但直角接头组成的木结构本身却不够坚硬，特别容易变形，尤其是被工程师称为剪切型的结构更是如此。四角连接而成的正方形很容易变形为菱形，长方形则容易变形为一般的平行四边形。大多数传统木接头在剪力的作用下会慢慢变得松动。这就很好地解释了为什么矩形木门会在自身重量下下沉？为什么书架会倾斜？为什么旧桌子会摇晃？为什么旧椅子会吱吱作响？为什么床架刚性不足，受到动态压力时，床头板会发出令人尴尬的撞击声？为什么手推车的车轮会摇晃，马车的框架会扭曲变形？一切都是因为传统木工造出了低效的结构。

不过好在有一群木匠（木屋建筑工）似乎意识到了这一问题，并想出了一个很好的解决方案。抬头看向屋顶内部，你会看到椽子之间有一种对角线部件——抗风支撑（风撑），风撑可以防止椽子像纸牌一样向侧面倒塌。在许多半木制房屋的墙壁、拼板门和五杆门上都可以看到这类对角线结构。当受到剪力时，对角线构件会在轴向载荷，承受压缩力或拉伸力，使建筑具有抗剪强度。然而，以前的建设者并不懂其中的力学原理，因为他们通常将这类设计用于屋顶桁架（例如皇后柱桁架），让系梁承载弯曲力，但这样反而使结构重量增大，削弱了其牢固性。上一章中我们提到的锤梁屋顶就是典型的过度设计且

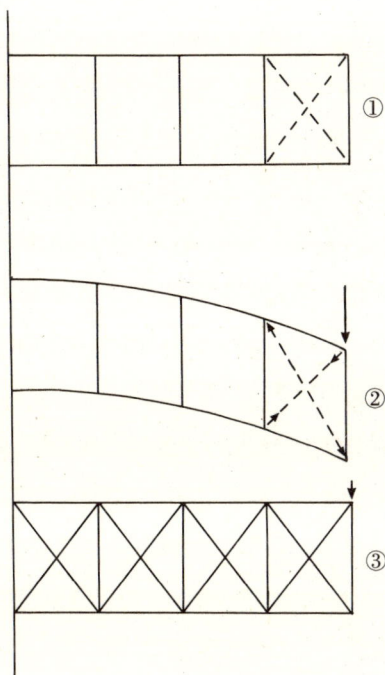

木结构中对角线元素的重要性。如果没有交叉支撑，①就容易变形成②。纳入交叉支撑后，如③所示，整个结构就会变得很稳固，因为撑条可以承受住压缩力或拉伸力。

低效的结构。最关键的是，建筑工人未能将他们的经验传授给其他与木头打交道的同行，这些同行也重复走了弯路，其中受影响最严重的是造船业。

在第7章提到的所有船舶设计中，无论是先造船壳再用船架加固，还是先搭船架再造船壳，各个构件都是互成直角的。船架贴合船体，板材顺着船体铺放。这种设计看起来似乎无懈可击，但考虑到船舶在海上航行时的受力状况，我们就得对它的合理性打上问号。让船舶保持漂浮状态的大部分浮力都作用在船体的中心位置，那里是整艘船最宽的地方，也是船体浸水最深的地方。相比之下，船的两端比较窄，船头和船尾实际上是伸出水面的。因此，两端的重量会将船头和船尾往下拉，使船体中部拱起，呈一种纵向弯曲状态，这种变形被称为"中拱"，会使船架受到剪力。在波涛汹涌的海面上行驶时，随着海浪的交替变化，船舶不同部位受到的剪力也会发生改变。就像椅子的框架一样，船舶的结构会松动。结构一旦松动就会漏水，在某些情况下，板材接缝处用于防水的填缝材料甚至会喷出来。

几乎所有传统木船都容易渗入大量的水，必须不断抽水才能使船保持漂浮状态。埃及的造船工程师尝试用一种巧妙的装置来解决这个问题。他们在船舱上方用一根绳子连接船头和船尾，将船的两端拉起来，防止船体中拱。这个方法确实在一定程度上能解决中拱问题，后来也成功应用在了密西西比河的明轮船上，但是它并不能彻底弥补船只结构上的缺陷，因为船体在航行过程中仍然会因扭曲而剪切变形。所以说，以往所造船只的重量不得超过2000吨，并不是因为木材的力学特性限制了船只的尺寸，而是因为设计者对结构的无知。

直到1805年，英国造船工程师罗伯特·赛平斯才提出了对角斜撑的概念，并将其应用到了"肯特号"护卫舰的设计中，但对特拉法尔加海战而言，为时已晚。对角斜撑概念的提出并没有产生什么影响，因为木船很快就被用熟铁制成的船取代了。

你可能会觉得，既然工匠们无法改进自己的结构设计，那么在文艺复兴时期，欧洲新兴大学里接受教育的学生可以帮助他们。毕竟当时的学者不再只专注于纯粹的哲学和宗教研究，而是开始用新的科学观来关注世界。但是我们要知道，在 16 世纪和 17 世纪初，科学家们主要关注的是纯科学，如天体运动、元素识别以及人体运作机能等，他们对应用科学没什么兴趣。所以也难怪，手工业的所在地大多远离大学城，由没有受过教育的阶层把持，从业者们小心翼翼地保护着本行业的秘密。我们对木材的依赖阻碍了物质的进步，手工业与欧洲知识界的分离又使这一情况变得更加严重。直到后来，知识分子被迫与工匠和工业家一起生活，这两个不同的群体才开始互相学习。

第三部分

工业时代的木材

第 11 章

淘汰木柴和木炭

1661 年，散文家和日记作家约翰·伊夫林发表了一篇与环境相关的文章，极具开创性。在文中，他犀利地抨击了伦敦雾霾问题的严峻性。果然，雾霾问题困扰了伦敦几个世纪。伊夫林精准地指出，高硫煤是造成空气污染的罪魁祸首。但是，这篇文章不能算是环保主义作品，因为伊夫林并未在其中建议改回用木材做燃料，它是介于早期城市规划提案和历史上首个"邻避效应"①抗议之间的混合体。在这篇长达 64 页的言辞激烈的文章中，伊夫林提出应该取缔伦敦市所有工业，建设一个"绿色地带"，在那里种满气味芬芳的树木、绿草和鲜花。如此一来，像他这样的绅士就不必再忍受满街道的烟雾和臭味，伦敦将会变成欧洲大陆上一座规划有序的城市，有教养的居民们看不顺眼的东西都不会再出现。

如今，分区规划已成为一项常见的政策，可以让城市得以健康有效地运行，但这样的规划也隐藏了我们对重工业的依赖。伊夫林没有意识到的讽刺事实是，他之所以能够发表文章让自己的申诉被大众听见，就是因为燃烧煤使伦敦成了欧洲最大、发展最快、思想最自由的

---

① 邻避效应（Not In My Back Yard），是指居民因担心设施建设对身体健康、环境质量和资产价值等带来负面影响，产生"不要建在我家后院"的心理，继而采取强烈的反对和抗争行为。——编者注

城市。正是因为完成了从木柴到煤的燃料转换，欧洲才能燃起最辉煌的知识革命，伊夫林本人也成了革命的参与者和记录者。这场革命从英国开始，一路推动世界各国走出木器时代，进入工业化、城市化，给地球环境带来了巨大影响。

我们在上一章中看到，对木柴的需求以及向城市供应的运输难度限制了城市的规模和选址，使城市与那些能为其提供大量财富的产业隔离开来。但到了文艺复兴末期，西欧的两个国家开始摆脱木柴供应的限制，利用两种截然不同的新的热能来源。

15 世纪，荷兰的人口已经非常稠密，但当地的木柴供应却十分有限。高地的大部分森林被开垦为农业用地，其余地势低洼、覆盖着湿润的泥炭的土地，从未被森林覆盖过。这种地理条件在欧洲较为常见，北欧大部分地区都覆盖着泥炭。自最后一个冰期结束以后，在一些寒冷湿润的地区，苔藓、莎草和其他草类无法彻底腐烂，这些植物残体以每 10 年 1 厘米的速度沉积下来，形成泥炭层。长期以来，欧洲各地都开采泥炭作为燃料。村民们会在早春时节收集泥炭，静置干燥后再运回家，然后在冬天用来烧火。不过，由于运输泥炭的成本比运输木柴更高，因此泥炭从未成为日常燃料。单位质量泥炭所含的能量只有木柴的一半，密度只有木柴的 1/5，所以单位体积泥炭所含的能量仅是木柴的 1/10。况且，只有通过水路运输才能大规模开发泥炭，而运河系统的建设需要投入大量的资金。

然而，荷兰人是幸运的。最后一个冰期结束后，海平面上升，荷兰刚好有两块低矮的泥炭地与海平面齐平。其中最重要的一块土地面积约为 647 平方千米，周围环绕着荷兰主要的城镇，如纳尔登、乌得勒支、豪达、鹿特丹、代尔夫特、莱顿、哈勒姆、阿尔克马尔和阿姆斯特丹。随着 16 世纪贸易的发展，荷兰人发现他们可以开发这些泥炭资源。当他们把泥炭挖掘出来后，底下的黏土露了出来，由于黏土层比海平面低两三米，这便自动形成了新的湖泊和运河，人们可以沿着这些湖泊和运河将泥炭运到附近的城镇，这意味着荷兰人拥有了一个全新的可开发的能源宝地。瓦赫宁根大学的简·德·齐乌通过估计泥炭层深度和开采速度，计算出该地可提供的能源量。他发现新的低位泥炭储备量可使荷兰人每年可以获得 25 兆焦耳的热能，是当时英国人均使用木柴所获能量的 3 倍。此外，在开采泥炭的过程中，他们获得了丰富的黏土，将地里的水排干后还可以转换为耕地。

荷兰的财富得到了保障。额外的能源推动了荷兰在 17 世纪黄金时代的经济扩张，这个黄金时代持续了整整一个世纪，使荷兰在短时间内成为世界强国。泥炭作为燃料促进了荷兰重要工业的发展，如制盐业、玻璃业、酿酒业、印染业、制陶业，以及寿命周期最持久的制砖业。人们用砖厂生产的砖建起了精美的红砖房，塑造了美丽的城市。同时，荷兰人利用他们闻名世界的风车排水，在新土地上种植谷物，以养活不断增长的人口。如今，这片开垦的土地成了荷兰球茎植物种植的中心地带，为荷兰庞大的园艺产业提供原料。

但荷兰的黄金时代注定不会持续太久。到 1700 年，低位泥炭储备已基本耗尽，而且事实证明，要开采和运输位于北部的高位泥炭，难度和成本都要高得多，为此建造运河并不划算。此外，荷兰地势较低的海岸开始淤塞，使港口运输变得越来越困难。尽管荷兰在金融商业上具有优势，并与远东地区建立了贸易联系，但它的领先地位已被北海对面的竞争对手——英国所取代。

荷兰在地理位置上得天独厚，老天赐予了他们大量易于开采的泥炭，而英格兰在这一方面可以说是更受青睐。英格兰有着优越的地理和地质条件，坐拥更大的能源储备，而且该能源的能量密度更大，它就是——煤。我们上一章提到，在单位体积内，煤的能量是木柴的5倍，泥炭的50倍。英国大量的煤形成于石炭纪，煤田大致分布在南北轴线上，从南部的威尔士山谷到北部的苏格兰中心地带。最幸运的是，最大的诺森伯兰和达勒姆煤田都非常易于开采，煤层埋藏得不深，而且煤田靠近北海海岸以及泰恩河、威尔河和蒂斯河等3条主要河流。矿工们可以从煤田中开采大量煤，用木轨货车（铁路的前身）将其运到河边，然后再装到船上继续运输。矿井最集中的地方位于泰恩河沿岸，河畔城市纽卡斯尔很快就成了煤的代名词，还衍生出了"It's like taking coals to Newcastle."（就像把煤运到纽卡斯尔，意即多此一举）的说法。到1700年，纽卡斯尔迅速发展为英格兰第四大城市，制盐业和石灰煅烧业等能源密集型产业迅速在泰恩河畔和附近的海岸兴起。当时，大部分煤是通过体积日益变大的"运煤船"沿海向南运输，这种船是该地区建造的一种宽梁浅底船。这些坚固的船只以及驾船的水手成了英国皇家海军的储备力量，后来帮助英国开拓殖民事业；库克船长第一次航行前往塔希提岛、新西兰和澳大利亚驾驶的"奋进号"就是一艘改装过的运煤船。

纽卡斯尔产的大部分煤最终沿着泰晤士河被运到了伦敦，为这座迅速扩张的城市提供动力。煤的使用量从1600年的每年约15万吨增长到了1700年的近50万吨，供应的人口从20万涨到了57.5万。人们很快注意到了燃煤对环境的影响。16世纪中期，市民就已经开始抱怨燃煤产生的烟雾，伊丽莎白一世甚至提出了禁止燃煤的法案。但是煤的价格是如此便宜，以致伦敦人对所有的环境警告和立法视而不见。人们不仅用煤取暖，还用煤给泰晤士河畔的能源密集型工业提供燃料。此外，煤还是砖厂使用的燃料，这些砖厂使用当地的砖黏土制作彩砖，1666年伦敦大火后，英国人就是用这些砖重建的城市。

1660 年，在经济和社会的动荡中，英格兰共和国被推翻，君主制复辟，英国对荷兰实施经济开放，以煤为动力的工业再次扩张。作为人口和工业中心，伦敦虽然又脏又臭，但它繁荣发达，能够让新的开放思想得以蓬勃发展。知识分子从牛津和剑桥的大学城涌向伦敦，在格雷沙姆学院和新开的咖啡馆里聚会，各路拥有不同兴趣爱好的人走在了一起。化学家罗伯特·波义耳利用空气泵推导出波义耳定律；科学家兼建筑师克里斯托弗·雷恩在伦敦大火之后主导重建了圣保罗大教堂以及这座城市的大部分教堂；医生、统计学家兼经济学家威廉·配第设计并测试了双体船，比库克船长在塔希提岛和夏威夷看到双体船早了 100 年；作家约翰·伊夫林在园艺、林业和雕刻以及空气污染等领域均有涉猎。这些自然哲学家与人脉广泛的政治家和公职人员交往密切，比如，日记作家塞缪尔·佩皮斯就被任命负责组织新的皇家海军。这些精英一起成立了有史以来最著名的科学学会——英国皇家学会，第一任会长亨利·奥尔登堡通过与欧洲大陆各地科学家（如摆钟的发明者荷兰人克里斯蒂安·惠更斯、早期显微镜学家安东尼·列文虎克，以及和牛顿先后独立发明了微积分的德国人戈特弗里德·威廉·莱布尼茨。）互相通信，促进了对科学的探索。英国皇家学会里会集的不是象牙塔里的思想家。首先，它的皇家赞助人查理二世非常希望学会能在航海等实际问题上提供帮助。其次，它的那些创始人都受到了英国先驱科学家弗兰西斯·培根的启发。培根在 1627 年的《新大西岛》中主张建立一个公共知识库——所罗门学院，这个机构致力于"了解事物的起因和背后的规律，拓宽人类帝国的边界，以实现一切可能之事"。

不过，对英国皇家学会的成功和发展影响最大的是它的实验管理员罗伯特·胡克。胡克可以说是第一位职业科学家，他曾经是罗伯特·波义耳的助手，受雇组织英国皇家学会每周会议的所有实验，实验涉及所有学科。他是一位天赋异禀的全能科学家，也是一位兼职建筑师，曾协助克里斯托弗·雷恩重建伦敦城。胡克与城市的工匠和仪器制造商来往甚密，强力推动学会开展并公开了许多实用型的应用研究。在他的助力下，约瑟夫·莫克逊成了第一个获得英国皇家学会院士称号的商人，胡克还帮助莫克逊出版了有史以来第一套指导实践操作的手册《机械师练习手册》，书中包括金属锻造、细木工、木材车削、砌砖和日晷制作等多方面的教学指导。绅士派头最足的约翰·伊夫林也被胡克说动了，写出了当时最伟大的畅销书之一。此外，伊夫林还创作了一本和木材相关的书——《森林志》，虽然书里充满了自命不凡的文学幻想和异想天开的段落，但伊夫林努力将当时所有英国国内已知树木的种类、生长规律、采伐和利用方式等信息汇集了起来。总而言之，从17世纪末开始，技术信息的普及大大促进了物质的进步。

在应用科学兴起的第一轮浪潮中，最耀眼的发明莫过于蒸汽机。随着人们对煤的需求不断增长，采矿业面临着越来越大的压力。为了获得煤，矿工们不得不在地下越挖越深，他们很快就遇到了充水问题。当采矿的位置高于海平面时，人们通过开凿井道或水槽来排水，从而降低矿井中的水位，这些水会排到大海或河里；当采矿的位置低于海平面时，事情可就难办了。矿工们必须不停地抽水，但由于积水过多，人力或马力泵都难以承担这么大的工作量。17世纪末，法国物理学家兼发明家丹尼斯·帕潘首次展示了将煤的能量转化为蒸汽动力的原理。他曾在伦敦与罗伯特·波义耳一起做出了最早的压力锅，然后在1690年造出了一个发动机模型。18世纪初，康沃尔郡的工程师托马斯·纽科门将帕潘的想法变成了现实。纽科门的大气式蒸汽机的原理是：将冷水注入充满蒸汽的汽缸，蒸汽凝结，大气压强将铜制活塞推入汽缸；然后，在汽缸内再次填满蒸汽，活塞被轻轻推出。这种线性运动发动机成了矿井抽水的理想选择。这种蒸汽机唯一的缺点是燃料消耗量大，但对矿产丰富的英国而言，这根本就不是问题。英国的煤供应得到了保障，至少在接下来的半个世纪里，工业化得以继续发展。

英国皇家学会早期的繁荣并没有持续很久。不可避免的专业化进程削弱了它的活力，胡克逐渐被贵族派边缘化。在艾萨克·牛顿的领导下，该学会沉浸在"哲人科学家"的理想中，不断贬低应用科学的价值，在一个多世纪的时间里，应用科学逐渐失去了它在社会上的重要地位。

幸运的是，当时欧洲其他地方的应用科学已经起步，特别是在法国，由德尼·狄德罗和让·勒朗·达朗贝尔主编的著名的《百科全书》带动了无数技术类百科全书的出版，让知识传播到了世界各地。英国的工业中心也从伦敦转移到了那些煤储量丰富的地区。在18世纪，全国各地有想法的能者试图将煤这种新能源与当地其他地质资源结合起来，发展扩大各种工业。在桑德兰，人们借助煤提供的动力做起了全新的玻璃工业，他们用当地的沙子和含镁石灰石作为玻璃的原材料，用从威尔河运来的煤烧窑。沿着约克郡海岸，居民在明矾厂用煤来烧煮提炼明矾的大桶，所用的化学原料是当地的侏罗纪页岩。斯托克附近有黏土矿床，人们从斯塔福德郡的煤田采煤，为烧制陶瓷的窑炉提供燃料。除了用来烧制陶瓷，斯塔福德郡开采的煤还被运到了南柴郡，用来加工从楠特威奇、米德尔威奇和诺斯维奇等城镇的地下采掘出来的盐；此外，这些煤还被运到特伦特河畔伯顿给啤酒厂供能。西密德兰生产的煤则被运到了伯明翰市中心，在珠宝作坊和金属车间发光发热。英国开始成为一个城市国家（urban nation），工业城镇不断扩大，每个城镇都有自己的煤田，还有自己的知识学会，如西密德兰的月光社；在爱丁堡还诞生了著名的苏格兰启蒙运动。

廉价新能源的好处已经从伦敦惠及全国各地，促进了新技术的发展，打破了行业工会的垄断。工业家们建立了一个制造业世界，生产出来的商品便宜又好用，足以让人们愿意换掉以往他们十分满意的木制品。廉价的陶器虽然易碎，但也成功取代了木碗和木盘；白镴和玻璃杯则替代了木制高脚杯。为了将这些易碎的新商品顺利运往市场，工业家们对廉价交通的需求大增，于是，资本家便有了投资新运输系统的动力。18 世纪下半叶掀起了一场"运河热"。新的运河系统在英国国土之上纵横交错，人们将货物从制造商那里运到城镇消费者手中，将煤从矿区运到新开发的制造区那里。

由于英国的"能源拼图"尚不完整，那些缺失的拼图无法让所有工业都集中在不断扩张的城镇里，因此也限制了英国的工业产出。想要炼铁，人们还是需要用到木材的副产品——木炭。当时，英国钢铁工业的规模小得惊人。即使到了 1700 年，每年的产量也只有大概 2.5 万吨，按重量计算只有该国木材消耗量的 1/30；在体积上，木材产量高出铁产量 200 倍。钢铁行业产出低下主要是因为受到了木炭供应和价格的限制。虽然英格兰东南部的威尔德地区有大片林地实施密集的矮林管理，可以持续提供大量的廉价木材，但英格兰的木炭仍然比欧洲大陆其他地方要贵。大大小小的钢铁厂大多位于肯特郡和萨塞克斯郡的乡村地区，距离国家的工业中心地带 300 多千米，离其他工业区太远使其在合作和创新方面处于劣势。英国每年从瑞典和俄罗斯进口约 2 万吨铁，这些国家的林地压力较小，铁矿石更纯，优势更加明显。英国本土产的铁逐渐失去了竞争力。

想要降低铁的价格、增加产量，并在更靠近其他行业的地方进行本地化生产，最直接的办法就是放弃木炭，改用煤来炼铁。毕竟，煤几乎是纯碳，而且比木炭便宜得多。此外，木炭易碎，而坚固的煤块可以装入更大的高炉，不会被矿石的重量压倒。然而，铁匠们用煤冶炼时，一直为几个问题所困扰。由于煤的质地紧实，表面积比木炭小（木材细胞的腔体遍布木炭，所以木炭的表面积大），所以化学反应速度也就较慢。更麻烦的是，大多数煤都含有硫等杂质，这些杂质会污染并降低铁的纯度。为了解决这些问题，世界各地的铁匠开发出了各种技术。而在欧洲地区，直到 1709 年，什罗普郡煤炭溪谷的铁器制造商亚伯拉罕·达比一世才找到开发当地煤储量的方法并获得了专利。他用大熔炉把煤加热（类似于烧木炭），在这一过程中杂质就被烧掉了，得到一种更纯净、更坚固的碳颗粒——焦炭。然后，他将焦炭堆放在另外的更高大的高炉内，炉内的温度足以将铁彻底熔化。一套流程下来，最终获得一种可以倒入模具的液态金属，凝固冷却后便成了我们说的生铁。

达比因此发了大财，他将生铁重新加热，然后倒入他的专利砂模中，制造出廉价的铸铁锅和平底锅，比传统的铜制炊具更受老百姓青睐。然而，达比的新炼铁方法在其他地方普及得很慢，在 1750 年之前，靠燃烧焦炭生产的铸铁量极少。主要是因为用这种方法产出的铁往往很脆，不是很好用。达比非常幸运，东什罗普郡煤田开采出来的煤非常纯净，含硫量只有 2% 左右。达比的焦炭燃烧法可以去除这些硫，但如果含硫量超过 7%，达比的方法就不管用了。直到 18 世纪 50 年代，其他铁器制造商才开发出有效除硫的技术。他们用蒸汽驱动的风箱向炉内鼓风，提高锻造温度，并加入石灰石，用化学反应达到除硫目的。

由于不再需要将工厂设在广阔的林地内，钢铁工业迅速向北向西转移到有煤田的英国工业中心地带，如什罗普郡、北威尔士、约克郡的谢菲尔德和伯明翰附近的黑郡。借助铸铁的优势，许多新工业得以发展。铸铁很容易被塑造成复杂的形状，因此是制造各种装饰品、栅栏和花园家具等的理想材料。农业工程师还发现铸铁适合用来做长柄大镰刀和锄头等农具。其中最重要的应用是新型犁，与传统的木犁相比，这种新型犁带有弧形犁壁，用起来更省力，它可以将沟中的泥土整个翻动起来，而不仅仅是在表面刮一遍。1784年詹姆斯·斯莫尔发明的苏格兰犁由一人操作，两匹马拉动，大大提高了农业生产力。由于熔点较高，铸铁比其他金属更耐高温，是制造锅、壶、壁炉和各种炉子的理想材料。在整个工业中，随着以木材为燃料的熔炉让位给了以煤为燃料的熔炉，铁槽也紧接着取代了铅槽。

铸铁还被大量用于制造大炮。另一位来自煤炭溪谷的铁器制造商约翰·威尔金森发明了最早的精密切割工具，这种工具可以在坚固的金属圆柱体内钻出光滑的管道，制造出安全系数更高、射击更精准的武器。18世纪末，欧洲各国海军之间的军备竞赛升温，军舰的规模、数量及其装备的大炮数量都在增加。到了拿破仑战争时期，英国舰队拥有大约1.4万门大炮，其中包括重达3吨以上的最大的32磅炮（发射32磅炮弹的火炮）、较小的16磅炮和8磅炮，以及发射葡萄弹和白炮炮弹的小型炮。光这些火炮就得用掉约2.5万吨铁，相当于1700年一整年的产量。

约翰·威尔金森的新钻孔工具还推动了工业革命中另一项发明的诞生，这项发明让更多的煤得到利用，它就是蒸汽机。1765年，詹姆斯·瓦特改良了蒸汽机，他将纽科门的大气式蒸汽机变成了一个运行高效的动力装置，极大地提高了蒸汽机的效率，然后申请了专利。瓦特设计了一个分离式冷凝器来排出汽缸中的蒸汽，在不冷却汽缸和浪费热量的情况下产生真空以将活塞向下拖动。但瓦特还面临一个问题，那就是他无法使汽缸完全密封。活塞在做往复运动时，蒸汽会不断从汽缸中泄漏出来，造成热能浪费。这时，威尔金森的钻孔工具就起作用了。威尔金森用他的大炮钻孔技术轻松地在坚固的铁块上开了个完美的圆柱洞，让汽缸内表面变得非常光滑，使活塞能紧密贴合汽缸内侧，自由地上下移动。制造蒸汽机的主要技术困难就这样被克服了。

这一技术进步带来的巨大影响简直难以估量。由瓦特设计并与马修·博尔顿联合制造，使用威尔金森新钻孔工具切割出汽缸的发动机，很快就被成百上千地运往英国和欧洲其他地方。锻造厂和磨坊以往都靠木制水车提供动力，工厂得建在水流湍急且危险的河边，遇到干燥天气水车就无法使用，有时洪水还会把水车冲坏。而现在有了铁制蒸汽机，无论天气如何，它都可以 24 小时工作。以往的工厂都分散在乡村河边地区，有了蒸汽机后它们就可以集中建在越来越大的城镇里，比如伍尔弗汉普顿和伯明翰的炼铁"黑乡"、兰开夏郡的棉花镇，以及约克郡的羊毛镇。炼铁和蒸汽机改变了英国的能源经济。1700 年，英国的煤产量为 350 万吨，1750 年上升到了 600 万吨，1800 年增至 1700 万吨，提供的能源是 1650 年木材所提供能源的 20 倍。到 1800 年，英国几乎不再使用木材作为燃料。工业越集中，技术创新传播越快，工业生产效率得到提高，最终推动物质文明的进步，但这一切的代价是工厂工人的工作生活条件恶化。

然而，煤在世界其他地方带来的影响远没有在英国那么大，那些地方仍然处在木器时代。欧洲其他国家的煤储量相比英国要小得多，而且由于煤开采起来比较困难，所以他们仍然很依赖木材。法国和德国的政府越来越担心木材的供应，重压之下，他们选择将森林国有化，以更"科学"的方式管理森林。为此，他们成立了官方机构，建起了相关基础设施，采用更系统的方式种植树木。欧洲统治者急于保障木材供应，开展了大规模的工程建设，将原木顺着河流运往城市。木材供应逐渐由越做越大的商业企业把控，尤其是在德国黑森林地区，森林资源不是掌控在当地居民手里，而是掌握在商人手中。他们建造了更大的滑道，将原木运往主要河流，并扎起了更大的木筏。18世纪末，在莱茵河上行驶的荷兰木筏由几个部分组成，看起来就像漂浮在水面上的村庄：船舵长达13.7米，由7个人操作；木筏的主体可达365米长，82米宽，需要几百名桨手操作，他们和乘客一起住在木筏上的小屋里。领航员坐在一个高出甲板3米左右的瞭望台上。由于木材能量密度较低，欧洲大陆其他国家的运河建得比英国的宽得多，比起小巧的窄船，他们更喜欢用巨大的驳船运输货物。

在供求关系的另一面，其他国家的科学家和发明家开始着迷于提高燃烧木材的效率。他们开发了新窑炉，从用明火改成用烧柴炉，把更多的热量保留在室内，燃烧效率从以往的10%~20%提高到了40%~60%。这一改进也极大影响了欧洲大陆上的森林培育。比起烧细木杆，烧大木头可以让烧柴炉发挥得更好。因此在18世纪，法国和德国的林务人员先是将矮林轮伐期延长到50年，然后又延长到80年，成功将矮林种植转化为高林种植。由于软木在这种条件下生长得更快，而且比硬木更容易漂浮，方便运输，所以林务人员从种植阔叶树改为种植针叶树。

与此同时，刚独立不久的美国和快速发展的英国在北美的其他殖民地完全不需要为能源问题困扰。美国东部各州覆盖着无边无际的森林，位于海边或大河湖泊沿岸的发展中的城镇和城市，很容易就能获得从内陆运来的原木或锯木。他们迅速建立了定居点，并用木材建起优雅"殖民风"豪宅，基本上是欧洲的翻版。美国的工业家们没有去挖煤，而是开发了新技术来提高木炭的质量，继续生产具有价格优势的铁。他们不是通过燃烧小堆木材来制造木炭，而是用巨大的容器间接加热，这不仅可以提高木炭的产量，而且对木炭的损害更小，能使其更加坚固。这一过程还会释放大量有用的化学物质，如焦油、甲醇和丙酮，这些副产品同样可以售出，进而更具竞争力。有了更优质的木炭，美国炼铁工人可以用和欧洲焦炭炉差不多高的炉子炼铁。直到1850年，以焦炭为燃料的产量才超过了以木炭为燃料的产量；直到20世纪20年代末，才彻底停止使用木炭炼铁。美国人没有使用煤，他们改良了蒸汽机，继续燃烧木材。一直到20世纪初，美国都处于木器时代。

第 12 章

19 世纪的木材

18 世纪，工业和科学急剧发展，欧洲各大帝国处于全盛时期；18 世纪末，美国独立战争和法国大革命爆发。但这些大事件几乎没怎么影响基础设施。现代观众看时间背景设定在 18 世纪的电影时，往往很难发现 18 世纪初期和末期的电影布景有什么不同，例如故事发生在 18 世纪初的《宠儿》和《格列佛游记》，以及故事发生在 18 世纪末的《莫扎特传》和《傲慢与偏见》。这主要是因为新古典主义风格的建筑在比例上基本一样，都是按照相同的人体尺度建造的。即使是建于 18 世纪末的新工厂，规模也不大，只有几层楼高，从外面看就像 18 世纪初期建的仓库。人们仍然乘坐马车在城镇和全国各地旅行，乘坐木船环游世界。要了解这个时期的主要差异，观众得将目光投向室内——观察家具的变化。人们不再使用厚重的橡木，改用优雅的桃花心木；屋子里多了许多瓷器和其他装饰摆件；在服装时尚方面，简约的欧洲棉袍取代了精致的东方丝绸。

造成这种矛盾现象的原因是，尽管英国人已经摆脱了使用木柴和木炭所带来的能源限制，但他们的技术和工程水平仍然受限于对木材的依赖。人们需要花时间种植、砍伐、切割和风干木材，然后再将其塑造成有用的产品，过高的时间成本遏制了生产力的发展。此外，在工程应用上，木材的缺点限制了产品结构的尺寸和牢固程度。正如我们之前了解到的，木材易开裂，难连接，在露天环境下容易变形和腐烂，而且还易燃。木制马车十分笨重，坐起来不舒服；木船小而拥挤，还容易漏水。这就从水运和陆运上限制了人们的出行。18 世纪末，从伦敦到爱丁堡 600 多千米的路程仍然需要 3~4 天。航行效率也几乎没有得到提高。1724 年，本杰明·富兰克林第一次航行穿越大西洋，花了大约 7 周的时间；1786 年，他最后一次出航花的时间与第一次的用时完全一样。在 18 世纪，跨度超过 30 米的桥梁非常罕见，建筑物仅限于 6 层高，屋顶覆盖空间的宽度不超过 25 米，工厂里用的木制机械沉重、笨拙、做工粗糙。

18 世纪下半叶，铁产量有了很大增长，人们期望情况会有所改善。但不幸的是，实践证明，制铁商生产的铸铁并不能代替木材。铸铁含有大量的碳，通常在 4% 左右。与铁匠生产的生铁不同，铸铁不含提升铁硬度的矿渣纤维，这也就意味着铸铁比较脆弱。虽然可以承受巨大的压缩力，但被拉伸时，铸铁很容易突然裂开，而且裂缝会贯穿整个铁块。就像石头一样，铸铁不能用来做需要承受拉伸力的链条，也不能用来做需要承受弯曲力的梁，也无法承受冲击力。为了安全起见，铸铁作为一种工程材料只能用来替代砖石，无法替代木材。

煤炭溪谷塞文河上的铁桥充分说明了这一点。这座桥于 1784 年完工，是工业革命早期最著名的建筑之一。它的建设者是铸铁先驱的孙子——亚伯拉罕·达比三世。达比三世用 1.7 万个铸铁部件建成了这座精巧的桥梁，跨度约为 36 米。尽管这座桥看上去和木桥结构一样，每个部件都是用榫卯结构连接起来的，但它是拱形的，并且这些铸铁构件只承载压缩力，用 380 吨铁丝简单地取代了原本重得多的石拱。铁桥成功投入使用后，铸铁还被用来建造了许多小型公路桥。伟大的工程师托马斯·泰尔福特用铸铁建造了横跨威尔士北部壮观的庞特卡萨鲁岩水道桥，桥身耸立在兰戈伦附近的迪伊河之上。泰尔福特把水注入铸铁水道桥，水道桥下方是一排石柱，中间由铸铁拱肋支撑。

铸铁拱形建筑取得成功后，19世纪初的工程师开始更广泛地用铸铁替代工厂的结构木材来建造铁路。然而，这一尝试导致了一系列灾难的发生。由于重型机器带来的弯曲载荷过大，最早使用铁制框架的工厂的地板都很容易坍塌；为了扩大铁路系统，有的地方铺设了铸铁铁轨，但因为重型列车造成的动态载荷太大，这些铁轨都被压坏了；铸铁桁架桥也经常出现灾难性的故障，例如1847年，一列火车从罗伯特·史蒂芬森主持建造的迪伊桥上驶过时，大桥轰然倒塌，最终造成5人死亡。到了19世纪中期，人们明白了铸铁只能用来做承载压缩载荷的构件。我们通常认为火车站和温室是19世纪中期典型的铸铁建筑，但这些建筑只有一个部分是由铸铁建造的，那就是柱子。

19世纪的工程师创造了一个全新的工业世界，他们建造了有史以来最长的桥梁、规模空前且设计新颖的建筑物以及体积巨大的船舶，他们之所以能做到这些，得益于一种新材料的问世——熟铁。1783年至1784年，兰开夏郡的铁匠亨利·科特发明了熟铁。熟铁的刚度和韧性是木材的10倍，抗拉强度是木材的3倍，它是第一种力学性能优于木材的材料，可以大批量地、大块地被制造出来。熟铁与传统的铁相似，但生产速度要比后者快50倍左右。科特的专利技术"搅炼法"是先将铸铁块在熔炉中熔化，形成熔化的铁水，然后，搅炼工人将一根长铁棒插入炉子侧面的孔内，不停搅拌铁水，使铁水中的碳与炉底的氧化铁发生反应，形成的一氧化碳以气泡的形式释出。随着铁水中碳含量下降，熔点上升，铁水开始凝固，搅炼工人继续搅拌，并将炉渣纤维也放入炉内。最后，搅炼工人将熟铁卷从炉中取出，通过辊子多轮挤压，使其成型并硬化，变成长条形熟铁棒或扁平的熟铁板。炉渣使熟铁纤维化，使其韧性增强且不易生锈，就像传统条铁一样。一个搅炼工人一天可以生产 100 千克熟铁。熟铁很快就被大量制造出来，开辟了一个充满可能性的全新世界。

工程师们很快开始利用熟铁的高抗拉强度，将其制成支撑新型桥梁的锁链，这种桥梁的跨度将超过所有砖石或木建筑，它就是悬索桥。1810 年，出生于爱尔兰的工程师詹姆斯·芬利在马萨诸塞州纽伯里波特的梅里马克河上方建造了一座跨度约为 73 米的悬索桥。后来的桥梁越建越大。英国皇家海军前舰长塞缪尔·布朗成功建造了横跨特威德河的联合链索桥，支撑桥面的是他的专利熟铁链。这座桥的跨度约为 137 米，1820 年通车时是世界上最长的桥，今天仍然连接着英格兰和苏格兰。不过，联合链索桥的纪录很快就被托马斯·泰尔福特建的梅奈悬索桥打破了。这座桥属于伦敦 – 霍利希德公路路线的一部分，横跨威尔士和莫纳岛之间的海峡。它于 1826 年完工，跨度约为 176 米，仅使用了 123 吨熟铁，铁的用量还不到 50 年前建造长度更短铁桥所需的 1/3。1864 年，世界上最长的桥是伊桑巴德·金德姆·布鲁内尔修建的克里夫顿悬索桥，这座桥位于布里斯托尔的雅芳河上方，跨度达到了令人惊叹的 214 米。

事实证明，比起建桥，修建铁路对熟铁消耗量要大得多。新的火车既需要充足的动力拉动车厢，又得足够轻巧以保障机动性，所以它必须在高蒸汽压力下运行。为了对抗高压蒸汽在锅炉中形成的压力，火车设计师用熟铁板和铆接技术做成了耐压密封的汽缸。然而，即使有了发动机相对较轻的这一优势，铁路工程师在轨道用材上还是遇到了问题。木制轨道适用于旧式马车道，但它太易变形，在铁轮的重压下会迅速磨损，而铸铁铁轨又太脆，列车通过时产生的动态负荷会使其频繁断裂。尽管成本较高，工程师们还是不得不使用熟铁轨道。好在制铁商很快就想出了解决办法，他们先将一段铁轨卷成合适的形状，然后再由铁路工人铺在石轨枕上。

想要让铁路网络覆盖河流山谷，就得架设大量桥梁，熟铁日益成为建桥的首选材料。工程师们很快发现，悬索桥实在是太过灵活，沉重的火车驶过时，不仅会压坏铁轨，还会让悬索桥剧烈晃动。因此，大多数铁路桥都运用了梁的原理，用熟铁来抵抗弯曲时产生的拉力和压缩力。最早的大型梁桥之一是罗伯特·史蒂芬森在1846年建造的跨越梅奈海峡的布列坦尼亚桥，该桥离泰尔福特的悬索桥只有几千米远。史蒂芬森修建大跨度桥梁的诀窍是建造两根长方形的熟铁管，让火车从两根铁管中间通过。虽然这座桥大获成功，但史蒂芬森很快意识到没必要用封闭的铁管。因此后来修建桥时，他用纵横交错的铁架取代熟铁板，做出了最早的现代桁架结构建筑，1849年竣工的横跨泰恩河的高阶桥就是典型代表。很快，工程师们在世界各地建造了大量不同长度的桁架桥，这些桥都有着巨大的格状金属架，这几乎成为19世纪工程发展的标志。

熟铁同样影响了房屋的建造方式，催生了新型结构建筑，改变了城市环境。德比郡的贝尔珀北厂被大火烧毁后，工业家威廉·斯特拉特建了一个新工厂，该工厂的上层由水平铁梁支撑，后来这种结构成了建筑模板，欧洲所有用熟铁框架建起来的纺织厂都纷纷效仿。这类新复合建筑的支柱间距更大，可以让工厂车间变得更开阔，而且还可以建得很高；它们成了20世纪钢铁框架摩天大楼的原型。结实的框架意味着砖石墙对建筑而言只剩下遮风挡雨的功能，因此人们完全可以用另一种神奇的新材料——玻璃——取而代之。如此一来，就可以建造一种全新的建筑——温室。约瑟夫·帕克斯顿等建筑师以及那些从园艺师转行过来的建筑师设计的温室越来越大，足以容纳大英帝国的园艺战利品，如棕榈树、杪椤和巨大的睡莲。温室的屋顶由熟铁梁支撑，而熟铁梁又由铸铁支柱支撑。帕克斯顿设计了有史以来最伟大的预制组装建筑——水晶宫。水晶宫最初位于海德公园内，仅花了8个月就竣工，是1851年万国工业博览会的举办场所。这座宫殿占地近9.3万平方米，高约51米，是熟铁工程的一大奇迹。但必须指出，这座水晶宫也使用了大量的木材：玻璃板安装在帕克斯顿的专利木制窗框内，并配有集成排水系统；整座建筑最高大宏伟的大殿由16个夹层木制拱形构件支撑，每个拱形构件的直径约为22米。

后来，人们用建造水晶宫的技术又建造了许多伟大的建筑，其中包括对时代产生重要影响的大教堂，这些建筑不仅执行宗教功能，还为世界各地新建火车站的月台提供顶棚。其中最壮观的莫过于伦敦的圣潘克拉斯火车站的单跨拱廊。圣潘克拉斯火车站是旧米德兰干线的终点站，现在被改造成欧洲之星①在英国的终点站。该车站是一个长约210米、宽约73米的单一开放空间，1868年开始投入使用，是当时世界上最大的无支撑有顶开放空间。它包括29个拱门，每个拱门的跨度都是意大利帕多瓦法理宫的3倍，后者是与圣潘克拉斯火车站结构最接近的木顶建筑。

在所有结构体中，熟铁对船舶建造的影响最大。我们在第10章中提到过，直到19世纪初，造船者才意识到木船需要用到对角斜撑。工程师们很快想到，要制造一个坚固、防水的船体，还有一个更好、

---

① 欧洲之星（Eurostar）是一条连接英国伦敦圣潘克拉斯车站与法国巴黎（北站）、里尔与比利时布鲁塞尔（南站）以及荷兰阿姆斯特丹（中央车站）的高速铁路线。——编者注

更简单的方法，那就是将熟铁板铆接成管状船体，在其内部用隔板和桁条加固。没有了复杂的内部框架和外部船板，人们不仅可以把船舶造得更大，还能加快造船速度，压低造船成本。英国最受爱戴的维多利亚工程师伊桑巴德·金德姆·布鲁内尔在职业生涯中共设计建造了3艘船。这3艘船一艘比一艘大，而且体积空前。第一艘叫"大西部号"，是一艘用橡木制成的桨轮蒸汽船，于1838年下水。它长71.6米，排水量为2300吨。虽然大西部号是当时世界上最大的客轮，但很快就被布鲁内尔造的第二艘船"大不列颠号"的光芒掩盖了，它是第一艘用螺旋桨驱动的铁船，于1843年下水，长98.1米，排水量为3700吨。布鲁内尔设计建造的最后一艘船名为"大东方号"，它于1859年下水，长211米，排水量为1.9万吨。

新铁船还有另一个优势，在遭到炮弹攻击时，熟铁的韧性可以更好地保护船体。到了19世纪50年代，铁甲舰已经可以摧毁任何木制船只，而自身不受任何损害，这一点在1862年的汉普顿锚地之战中得到了充分的印证。当时，另一艘铁甲舰"弗吉尼亚号"摧毁了两艘联邦木制船，但却无力击败联邦的铁甲舰"莫尼特号"。在欧洲，法国的铁甲舰"光荣号"和英国的"勇士号"——世界上第一艘全铁制军舰引发了两国之间的军备竞赛，这场竞赛一直持续到19世纪末。

熟铁时代到达全盛的标志是两个举世闻名的建筑的出现，一个是自由女神像，另一个是埃菲尔铁塔。这两个建筑的外形完全不同，却由同一个人设计。对路人来说，自由女神像是一个传统的巨型青铜雕像，看起来非常坚固，但登上过它的人都知道，雕像只有外面薄薄一层是铜皮。自由女神像之所以能够稳稳矗立，秘密在于它的内部结构。雕像的里面是一个巨大的熟铁空间桁架，其底座的4个点固定在美国制造的石头基座上。该桁架是法国工程师亚历山大·古斯塔夫·埃菲尔的杰作，看起来就像是他的著名作品——埃菲尔铁塔的不对称版本。自由女神像是美国的标志，而埃菲尔铁塔则是法国的标志。铁塔高 324 米，由 1 万吨熟铁建成，在 1889 年竣工后的 40 年里一直是世界上最高的人造建筑。

19 世纪用熟铁建造的桥梁、火车站和轮船是那么雄伟壮观，在熟铁面前，木材似乎黯然失色了。但正如我们前文提到的，人们每次都在利用新材料改进木材的使用方式，熟铁也不例外。最早的例子之一便是熟铁帮助加快了滑轮组的制造速度，而滑轮组是每艘船必不可少的木制品。在英国朴次茅斯的老海军船坞中，停靠着纳尔逊在特拉法尔加海战中的战列舰"胜利号"和英国皇家海军第一艘全铁军舰勇士号，离这两艘军舰不远的地方有一些废弃的旧棚子。布洛克工坊看起来不大，但它的历史地位比那些宏伟的船只更高，在那里，熟铁给木材注入了新的能量，成了工业革命的一块重要基石。

18 世纪末，英国在锯木方面仍然落后于欧洲其他国家和美国。英国的木匠和船匠更喜欢手工切割木材，他们使用的双人锯可以在木材上锯出漂亮的切割面。但这种锯木方式只适合用来制造定制龙骨等一次性产品。1796 年，塞缪尔·本瑟姆出任新的海军工程监察长，他是一位造船工程师，也是一名天才工程师。英国当时正面临着来自法国方面的威胁，本瑟姆认识到了重整军备的重要性，并意识到手工锯木的速度太慢了。他在船坞督造了一个锯木厂，厂里的动力装置用的是博尔顿和瓦特合作制造的蒸汽机，只需几个人就可以切割大量造船所需的特定大小的木材。但本瑟姆也意识到，还有一个供应问题需要解决，那就是当时所有帆船都需要的大量标准化构件——滑轮组与滑轮。

一艘三桅船所用的复杂索具上可能需要超过 1000 个滑轮，这些滑轮是船员成功升帆的关键。军方在全国各地的造船厂雇用了数百名工人手工制作这些滑轮，开销非常大，而且这条供应链并不稳定。作为一个热衷于造船的工程师，本瑟姆设计了一些机器来加快工作进度。在将计划付诸实践之前，本瑟姆遇到了另外一位工程师，这位工程师提出了他的见解，本瑟姆意识到他的想法比自己的更胜一筹。这位工程师就是马克·金德姆·布鲁内尔，他是前文提到的伊桑巴德·金德姆·布鲁内尔的父亲。布鲁内尔是从法国逃难出来的，刚刚从纽约回到欧洲。他发现，要做滑轮这样的小物件，比起用其他材料，完全可以直接用木材，因为木材构件可以通过精确的工业化加工大量制造和装配。为了制造滑轮，布鲁内尔设计了几种专门的机器，可以精确地切割和塑造滑轮的 3 个主要构件，使其精准适配运行，这3 个构件分别是滑车壳、滑轮和轮轴。比如，要制作外壳，先用第 1 台机器圆锯切割出一个长方形的木板；然后，用第 2 台机器在木板上钻一个孔来插轮轴，再钻另外两个孔用来标明滑轮槽两端的位置，第2 台机器还会在木板上留下定位点，以便在随后的操作中正确固定外壳；接着，第 3 台机器负责用榫凿切割凹槽；最后，第 4 台机器切割了木块的四角，将其塑造成锥形。

　　海军部对此很感兴趣，组织了机器测试，他们雇用了年轻的工程师亨利·莫兹利，此人在制造精密安全门锁方面很有名。布鲁内尔和莫兹利通力合作，用熟铁制造出 43 台机器，执行了 23 道工序，生产了 3 种不同尺寸的滑轮，最终测试机器运行得非常完美。这些按工作流程排列运行的机器不仅是第一批机床，更是世界上第一条生产线。在蒸汽机源源不断的动力供给下，这些机器就如同纺织厂里的纺纱机和织布机一样，使这个生产滑轮的工厂获得了巨大的成功，仅需 10

个人就可以生产每年所需的 13 万个滑轮。这些机器是如此完美，在后来 150 多年的时间里一直在生产滑轮，直到 1964 年，海军帆船走向消亡，它们才停止运转。

布鲁内尔的滑轮工厂证明了机器可以制造出原本手工才能制作的木制品。很快，工程师和建筑商也开发出了将木材和熟铁结合起来的新结构。这种全新的应用方式使他们能更充分地利用木材。他们充分发挥了木材轻巧、坚韧、抗弯曲等优点，并找到了新方法来弥补木材易变形、开裂等缺点，克服了制造木接头的困难。说到这里，我们得将目光投向其他地方，因为大多数新颖的使用木材的方法不是来自英国（英国人当时正沉迷于铁器），而是来自拥有广袤森林的地区 ——北美和斯堪的纳维亚，那里的人们一直生活在木器时代。

实践证明，熟铁非常适合用来替代燕尾榫等脆弱的木接头，其中最早的应用案例是国王柱屋顶桁架。熟铁吊索用螺栓固定在国王柱上，然后再缠绕于系梁下方起到支撑作用，形成一个高效的三角结构。美国工程师很快就意识到，在建筑的木制构件上钻孔，然后用熟铁杆将它们连接起来的效果非常好。早在 1812 年，路易斯·温瓦格就用这种技术在费城附近的斯库尔基尔河上建造了著名的巨像桥。这座桥是一座扁拱桥，跨度为 103.6 米，是当时世界上最长的木桥。桥梁桁架的主要木构件由铁杆连接，没有用到榫卯结构。温瓦格决定按这种方式建桥是经过慎重考虑的，主要是因为移民国家的劳动力昂贵，熟练木匠很少。

欧洲的铁路网是用铁和石头建造的，而美国则用了大量木材。当然，美国火车用的也是装配着熟铁锅炉的蒸汽机，但他们的铁轨安装在木枕上，火车车厢也是用木头做的，其框架由铁杆和螺栓连接。美国人甚至尝试过木制轨道。他们运送木材的车就经常在木轨上行驶，这种轨道其实就是在地上平行铺设粗木杆，木杆首尾相接形成轨道。为了让车顺利行进，他们采用的是带有杯状轮辋的车轮，这种车轮和滑轮的样式很像。这类临时轨道虽然腐烂得很快，但每千米的成本只要 46~156 美元。早期的铁路干线通常采用带状轨道，即把熟铁条钉在木轨上。美国在铁路系统建设上最大的成就是为跨越峡谷建造了壮观的木栈桥，他们没有用欧洲工程师偏好的铁桁架和土堤，而是用木梁和铁接头做成了成本更低、建设速度更快的框架。因此，美国修铁路的成本非常低，每千米一般只用 1.2 万 ~1.8 万美元，而欧洲修铁路的成本约为每千米 11 万美元，是美国的 6 倍多。正是因为耗资少，所以美国人早在 19 世纪 30 年代中期就开始建造长途铁路。这一新的交通线路比俄勒冈小道的旧马车线更快、更安全，为新殖民者打通了前往西海岸的道路，后人只需用全熟铁轨来升级轨道即可。

新颖的木制建筑也推动了美国西海岸经济和政治的发展。1859年，内华达州山区发现了大量银矿，一场与前 10 年加州淘金热一样疯狂的"淘银热"拉开序幕。其中，康斯塔克矿区是最大的矿区之一，那里有大量软矿石，用铲子就可以轻松获取。但问题是，表层的银矿很快就会被挖干净，如何在开采深处矿石的同时避免塌方成了一个大难题。在煤矿区，人们一般使用木支架来支撑狭窄煤层的矿坑，比如说，英国矿场就从加拿大进口了大量 1.8 米 ~2.4 米长的云杉做支架。但这种方法在康斯塔克矿区行不通，因为那里的矿层可能厚达百米。最终，德国采矿工程师菲利普·戴德斯海默想出了解决方案——用方形木架填充。其原理是，当矿工把矿石采走后，在掏空的部分填上若干个边长为 1.8 米的方形木架，用熟铁棒将各个木架连接起来，形成一个巨大的框架，支撑起整个矿床，中空的部分可以用废料填满。康斯塔克矿区创造了巨额的财富，给有钱有势的赫斯特家族带来了巨大的经济收益，为旧金山的扩张提供了资金，并推动内华达州加入联邦。

美国人很快发现了使用钉子这种简单连接构件的好处。长期以来，钉子都是手工制作的，几乎形成了一个产业。在英国伯明翰附近的布罗姆斯格罗夫镇，最多的时候有900个钉子制造商。然而，手工制作的钉子很昂贵。在欧洲，木匠们都不愿意用钉子；美国的情况则完全不同。美国当时还没有手工业工会，但许多定居者又需要大量木材建造房屋。马萨诸塞州的雅各布·帕金斯发明了最早的从熟铁板上切割钉子的机器，并于1795年在美国获得专利，机切钉的出现让人们转而开始采用一种新的建房方法。与现代的铁钉不同，这些机切钉的横截面是方形的。用锤子把机切钉敲入木材时，它不会像现代钉子那样将细胞壁切开，因而固定性要好得多。这种钉子很快就开始大量生产，其价格急剧下降。

1830年，美国建筑商开始利用钉子来建造廉价、可批量生产的房屋。当时锯木厂的技术越来越先进，配备了精密的钢锯。新锯木厂不再只是把原木切成厚重的木梁，而是将它们切成均匀的薄木板和小一点的立柱。然后，建筑商可以把这些型号统一的构件钉在一起做成房屋框架。这类框架很轻且比较脆弱，所以被称为轻骨框架。房屋的主体结构由窄而长的垂直螺柱（经典的"2×4"木料）建造，从门槛板一直延伸到屋顶的椽板，钉在水平过梁和肋板上。墙体可以先放在地面上组装好，然后直接抬起来钉在房屋主体结构上即可。唯一的凹槽和接缝位于地板的格栅上，格栅与立柱钉在一起，并与肋板相接。最后，工人会在整个结构外部盖上厚木板，内侧则贴上薄木板，这两层木板中间可以放置隔热材料，让房屋冬暖夏凉。美国定居者之所以能住上既便宜又体面的房子，轻骨框架功不可没，这种房子虽然看上去很脆弱，但事实证明还是很牢固的。即使在今天，大多数美国人都还住在木结构房屋里。但自 1940 年起，大多数房屋都开始采用一种完全不同的结构，即平台式构筑法。这种新结构房屋的每一层都有各自的垂直立柱，每层都是相对独立的箱型框架，一层叠在另一层上，和中世纪欧洲的半木制房屋非常相似。像我这样习惯了砖瓦和石头房子的英国人，看到美国房子的墙壁如此单薄，总忍不住心生不安。这种房子的窗台很窄，所以没什么空间用来放小摆件和盆栽，但我必须承认，这种房屋结构设计更省建材，而且住起来同样舒适，升温也更快。

如果说钉子的诞生提高了房屋的建设效率，那么另一项熟铁发明——机器制造的螺丝，则提高了家具、栅栏等各种器具的生产速度，降低了生产成本。最早的一批螺丝是在中世纪制造的，人们用这些螺丝将皮革固定在风箱的木框架上，将盔甲上的金属板连接在一起。但在当时，很少有人将螺丝用于木工，这主要是因为螺丝的生产难度较大，价格很昂贵。每颗螺丝的螺纹都必须手工打磨，这一过程烦琐又漫长，得到的成品也很粗糙，而且样式不定。1760 年，来自英国特伦特河畔伯顿的乔布·怀亚特和威廉·怀亚特两兄弟发明了第一款制造螺丝的机器，并成功生产出了第一批质量可靠的螺丝，但由于这些螺丝的杆部是圆柱形的，外形上更像螺栓，所以木匠得先在木头上钻一个孔，才能把它拧进去。19 世纪 40 年代，美国发明家卡伦·惠普尔、托马斯·斯隆和查尔斯·罗杰斯相继取得了尖头螺钉的专利，从那时起，美国的公司成了螺丝制造业的领头羊。后来，就连业余木工爱好者都能做出相当牢固的接头，在家里自制各种实用的器物。如今，人们创造出了各种巧妙的连接机制，螺丝被用来将平装家具的不同构件组装在一起。全球数百万人在组装最新购买的宜家家具时，都体验了一把做木工的乐趣。

我的母校汉普顿文法学校的校训是"智慧高于财富"，以此作为衡量标准的话，19世纪的一项发明一定胜过所有桥梁或房屋，它就是木浆造纸。纸张是由纤维制成的，人们将纤维压成紧实的薄片，在上方覆盖一层用于瓷土防水的涂层，这样墨水写上去就不会洇染渗透。早期的纸是用树木的韧皮部纤维或韧皮部制成的，但在欧洲，人们通常用亚麻或棉花的细长纤维造纸，而这些纤维几乎完全由半纤维素基质中的纤维素组成。亚麻和棉花都是布制品的主要原料，因此传统造纸业以前都是靠回收破旧衣物来取得原材料的。二手货小贩收集破旧衣物，然后出售给布料商人，或者直接卖给造纸商。因为当时群众受教育水平不高，大多数人不识字，新闻也受到严格审查，人们对纸质读物的需求量不大，所以这一供应链在那个年代足以满足市场的需求。然而，到了17世纪和18世纪，教育慢慢普及，报纸兴起，破旧衣物的供应逐渐变得紧张起来，人们开始寻找替代材料。早在18世纪初，法国科学家勒内·德·劳穆尔就提出可以用木材造纸。他观察到黄蜂有啃食木柱的习惯，因此推测它们很可能是通过混合木材与身体的分泌物来建巢。但是，用木材造纸也存在一些难题。首先，不同于棉花和亚麻纤维，木材细胞含有木质素、纤维素和半纤维素。我们在前面的章节提到过，这些物质会使细胞壁变硬，使其更难分离。此外，木质素在光照下会分解，所以用木材造的纸会随着时间的推移变黄。

1840年，来自德国的弗里德里希·戈特洛布·凯勒攻破了第一个难题。他发明了一台机器，将木条放在用水润滑过的磨盘上，通过磨木法来剥离木材纤维。约从 1870 年起，世界各地都开始用磨木法生产木浆，这种木浆造出来的纸很粗糙，而且很快就会变色，只适用于报纸等使用周期较短的产品。尽管质量不佳，但磨木法使生产木浆的成本大幅下降，彻底改变了新闻业。19 世纪 80 年代，美国木浆的成本从每磅 13~14 美分跌到了每磅 2~3 美分。木浆价格下降后，报纸的纸张变大了，发行量也急剧增加。1863 年至 1882 年间，《纽约世界报》的价格从 5 美分降至 2 美分，报纸大小翻了 1 倍，发行量暴涨至 2.5 万份。1880 年至 1890 年间，美国报业用纸量增加了 6 倍，以往每年的用量刚刚超过 1 亿磅，而后来涨到近 7 亿磅。耸人听闻的故事和淫秽肮脏的八卦充斥着新的栏目，这一现象引起了美国评论家的警觉，他们认为这并非市场的力量，而是道德的衰退。这类报道在美国被称为"黄色新闻"，之所以有这样的称谓，可能是因为廉价的新闻纸很快会变黄，而且这些报道的影响越来越大。1898 年，"缅因号"在哈瓦那爆炸沉没，约瑟夫·普利策的《纽约世界报》和威廉·伦道夫·赫斯特的《纽约日报》都报道了这起事件，有人甚至认为，美国之所以发起美西战争，媒体哗众取宠的报道起到了推波助澜的作用。

新媒介的发展总是会引发富人和权贵的恐慌，因为他们乐于维持现状。不断增印的报纸通过新的铁路被运输到全国各地，让已经识字的美国人能更加快速地获取信息。在欧洲，报纸帮助提高了居民的识字率，尤其是女性群体的识字率，这不仅让更多人能够参加选举，还推动了妇女参政运动的诞生。用木浆制成的廉价纸所带来的影响不仅局限于报纸。后来，人们发明了两种化学方法，可以用木浆生产出更适合用来制作书籍的纸张（就比如你正在读的这本书）。1850 年至 1860 年，人们开始用亚硫酸盐去除纸浆中的木质素，到 1900 年，这一工艺成了制浆的主要方法。后来，亚硫酸盐制浆法被卡尔·达尔发明的硫酸盐制浆法取代，后者通过硫化钠和氢氧化钠来分解连接木质素和纤维素的化学键。随着优质纸张变得越来越便宜，书籍价格随之下降，读者群体也逐渐扩大。19世纪中期，除了印在便宜草纸或新闻纸上的廉价惊险小说之外，出现了用质量更好的纸张印刷的全新文学，比如马克·吐温的《哈克贝利·费恩历险记》和罗伯特·特雷塞尔的《穿破裤子的慈善家》等小说，这些作品真实地描述了社会问题。写"一角钱小说"的美国作家们为这个新生之国构建了英雄的历史，并将美国大众文化引入欧洲；在欧洲，儒勒·凡尔纳写出了《海底两万里》，赫伯特·乔治·威尔斯创作了《时间机器》，他们用科幻作品来审视科技进步可能带来的后果；此外，还出现了最早的侦探小说，如阿瑟·柯南·道尔的《福尔摩斯探案集》；以及最早的惊悚小说，如厄斯金·柴德斯的《沙岸之谜》；还有最早的间谍小说，如约瑟夫·康拉德的《间谍》；最后，还有描述日常生活的喜剧，如乔治·格罗史密斯和维顿·格罗史密斯的《小人物日记》和杰罗姆·克拉普卡·杰罗姆的《三人同舟》。

19世纪末，木材的重要性丝毫未减弱。木浆纸改变了世界各地人们的思维模式，木材仍然被广泛使用。但在物质和经济方面，木材对新大陆的影响是最大的。当时的世界秩序仍由英国和其他欧洲大国主导，它们非常自信，觉得自己的地位不会被撼动。但是，美国已经开始利用其巨大的木材储备建立统一的国家，并在经济上追赶欧洲。五大湖地区的人们以极快的速度大量伐木，为建造现代国家的基础设施提供原料。这个国家看起来俨然是欧洲国家的翻版，只不过它的基建都是木头做的——木制铁路、木制住宅、木制工厂甚至木制公路，这些设施建造速度快且成本低廉。美国正慢慢赶超欧洲。

但这种急于求成的做法也存在种种弊端。首先，许多轻型结构的寿命很短，很容易腐烂或毁于火灾，如 1906 年旧金山地震后发生的那场大火。此外，密集的采伐清除了大片森林。我曾前往肯特县的白松公园参观密歇根下半岛最后剩下的 20 英亩白松林——曾经笼罩半岛的大片针叶林留存的全部遗迹。在那次旅行中，我还去了曾经的伐木镇——马斯基根，在一间历史悠久的木屋里住了一晚。这间屋子有一个装有弹簧木地板的大舞厅，非常漂亮，它差不多是马斯基根全盛时期留下的唯一建筑。小镇本身似乎没有过多特别之处，也没有留下什么遗迹来提醒人们铭记历史。这一点与欧洲不同，在欧洲，即使是后工业化时代的城镇，也有许多古老的石头和砖头建筑。比如说在曼彻斯特，我家周围街道上的房子都比马斯基根旅馆的年岁要久。即使在拉丁美洲国家，也有许多精美的古老石制建筑，这些建筑见证了美洲大陆悠久的殖民历史。后来，20 世纪的新材料帮助美国建起了寿命更长的基础设施。尽管科学创新层出不穷，但木材在整个 20 世纪仍然扮演着重要角色，不仅对美国如此，对全世界来说也是如此。

第13章

现代世界中的木材

　　如果你想感受一下19世纪用煤和熟铁打造的工业世界，世界上第一座工业城市——曼彻斯特绝对是不二之选。曼彻斯特的科学与工业博物馆复原了棉纺厂，收藏了大量用于生产的蒸汽机，工作人员还会带游客在世界上现存最古老火车站里乘坐仿制蒸汽火车。在城市的中心地带，许多铁制工厂和仓库仍然伫立在街道两旁，这些建筑有着被煤烟熏黑的砖墙和高耸的烟囱。除了工厂和仓库之外，曼彻斯特还有巨大的铁制火车站、桁架桥和砖制高架桥，置身其中，会让人感觉自己仿佛身处在劳伦斯·斯蒂芬·劳瑞的画里，和那些火柴棍般的男男女女别无二致。19世纪的城市显得古老又秀气，到了20世纪，在北美、中东和亚洲大城市的市中心，巨大的塔楼在阳光下闪闪发光，飞机从楼顶飞过，与这些宏伟的事物相比，挤在人行道上的人和堵在街道上的汽车显得格外渺小，几乎难以辨别。所有这些变化都应归功于一系列现代新材料的兴起，如钢铁、混凝土和塑料，以及石油这一新能源的利用。在这样一个世界里，木材似乎没什么地位，但是我们将再次发现，新技术使我们能更好地利用木材。

　　熟铁问世之后，材料技术继续发展；19世纪末，两种新的工程材料开始取代熟铁，它们分别是钢和混凝土。很早以前，冶金学家就知道可以通过去除碳和矿渣杂质来获得纯净的铁，而通过添加少量的碳或其他合金金属，可以硬化并提高纯净金属的强度。正是得益于这种工艺，钢的强度才能达到熟铁的两倍。早在1740年，谢菲尔德市的本杰明·亨茨曼就发明了坩埚钢，当地的钢铁公司用这种钢来制造高级工具和餐具。然而，坩埚钢非常昂贵，因为它只能小批量生产，每批只能产大约13.6千克。直到19世纪后半叶，贝塞麦转炉和平炉出现后，人们才得以大量生产优质钢，这些钢不仅强度优于熟铁，价格也更低。从19世纪80年代起，钢开始取代熟铁。约翰·奥古斯塔斯·罗布林设计的布鲁克林大桥就是第一座使用钢丝而非熟铁链支撑的悬索桥。该桥跨度约为486米，比以往建造的任何桥都长。苏格兰的福斯桥是钢材应用的另一个早期优秀案例，它是第一座现代悬臂桥，竣工于1889年。

钢架很快成了高楼的标配，第一座10层以上的摩天大楼是1885年建成于芝加哥的家庭保险大楼。从那时起，美国的办公楼越建越高。1930年，克莱斯勒大厦超过埃菲尔铁塔，成为当时世界上最高的建筑，美国的城市天际线成为这个国家财富和工程技术的象征。

建摩天大楼还用上了另一种新材料——钢筋混凝土。19世纪中期，约瑟夫·阿斯普丁和威廉·阿斯普丁父子优化了混凝土生产工艺，生产出了"波特兰水泥"，即现代混凝土。他们将石灰石和黏土的混合物加热到1370摄氏度以上，让它变成一种炉渣一样的材料，然后将其磨成粉末，也就是我们用的水泥。将水添加到水泥中，两者会发生化学反应使水泥凝固。将水泥与沙子或砾石混合起来，就会得到一种新的物质——混凝土，混凝土既具有石头的特性，又能很容易地被浇筑和塑造成各种形状，无须费力地手工雕刻。

与砖石材料一样，混凝土不能承受较大的拉伸力，所以它无法取代木材。但后来，工程师发现，将混凝土与钢结合可以制成一种既能承受压缩力又能承受拉伸力的结构。于是，人们先制作钢筋框架，然后往上面浇筑混凝土，这样就得到了结合两者优势的钢筋混凝土。钢筋强化了混凝土的张力，而混凝土则防止钢筋在受到挤压时发生弯曲，还能保护钢筋不生锈。但是，钢筋混凝土也有一大缺点，那就是这种材料只发挥了钢的一小部分抗拉强度作用；如果将其置于较大拉力之下，在达到钢的断裂点之前，混凝土就会开裂。这样的话，水会渗入结构并腐蚀钢材。这个问题后来也解决了，德国工程师多林发明了一种新材料——预应力混凝土，并申请了专利。要打造预应力结构，需要先在混凝土中钻孔，然后将钢丝穿过其中，待混凝土凝固后将其拉紧。这一番操作和索尔兹伯里大教堂尖顶的处理方式很像，教堂的石制尖顶上悬挂着木质脚手架，可以给下面的砖石预先加载压缩力，而混凝土里绷紧的钢丝也会使它处于预压状态。如此一来，人们就获得了一种混合材料，其性能比单独的混凝土或钢都要更佳，既能承受拉伸力，又能承受压缩力。被做成房梁时，它在抵抗弯曲力方面又比木材更优秀。今天，绝大多数大型公共建筑、桥梁的支柱及车道都是用预应力混凝土制成的，建造速度又快，材料成本又低。

与 19 世纪初相比，20 世纪中叶世界的物理外观发生了翻天覆地的变化。新的工业材料取代了木材，让工程师和建筑师能够建造越来越大的建筑。如今，和周遭的环境比起来，我们显得无比渺小，尤其是在城市中。我始终记得第一次去北美，当我在加拿大温哥华的酒店里，透过窗户俯瞰着这座城市的大教堂时所感受到的震撼。

如果说 19 世纪见证了木材在大型结构中地位的式微，那么 20 世纪则目睹了新材料在诸多小规模应用中是如何取代木材的，这种新材料便是塑料。木材非常适用来制作简单的物件，铅笔、牙签和火柴如今还都还是木头做的。然而，如果要用木材制作一个形状更复杂的物件，就不得不花大量的时间进行雕刻。在我们的机械化世界里，这显得尤其不划算。一些公司仍然在做木制玩具，但这些玩具往往雕刻粗糙，价格昂贵，只对怀旧的父母和祖父母有吸引力。孩子们总是喜欢更便宜、颜色更鲜艳、更精致的塑料玩具，而成年人自己也喜欢买便宜的一次性牙刷、剃刀和笔，而非昂贵的木制玩具。但是，要取代木材这样轻巧又坚固的材料并不是一件容易的事。19世纪末，玩具制造商生产出了一种可以快速廉价地用模具铸造的锡制士兵，但直到20世纪20年代，人们才发明了一种像木材一样轻巧且容易成型的新材料。

20世纪石油逐渐普及，化学家们开始尝试将其中一些质量较大的分子转化为有用的产品。比利时化学家列奥·贝克兰发现，把苯酚和甲醛放一起加热会形成一种合成树脂，将这种树脂倒入模具可以生产各种形状的物品。唯一的问题是，尽管这种材料很硬，却也非常脆。后来，贝克兰又发现，将树脂与木粉混合在一起就可以得到一种纤维增强材料，过脆的问题也就解决了。贝克兰在不知不觉中效仿了木材细胞壁的强化机制。这个方法非常成功，贝克兰发现他可以生产各种形状和尺寸的塑料部件。后来，该合成塑料被命名为"贝克莱特"（酚醛塑料），人们用这种新材料制造出了收音机、电话等一系列先进的技术产品，它们圆润、流畅的设计对装饰艺术时期的流线型美学产生了巨大影响。这些产品虽然不够坚固，但制造成本很低，因此大受欢迎。战争期间开发出的另一种纤维增强材料是纤维素增强层压板，如福米加塑料贴面。人们用纤维素薄片加固树脂，并在贴面上装饰一些漂亮的图案。这些材料可以粘在木头或刨花板上方，让物件的表面变得闪亮且易于清洁。这类产品改变了人们的生活，对妇女的影响尤为显著。厨房变得更加明亮，家庭主妇也不再需要擦洗各种木质的台面，卫生状况得到了极大改善。

但是，化学家未能完全克服"贝克莱特"等热固塑料的脆性问题，因此，第二次世界大战后，材料科学家发明了一系列不需要用纤维加固的塑料——热塑性塑料。以典型代表聚乙烯和聚氯乙烯为例，热塑性塑料的长链分子凝固时会折叠起来，使材料本身变得更加坚硬。当你拉伸一块聚乙烯时，分子会展开并吸收大量的能量来防止材料开裂，这也就解释了为什么塑料包装不容易弄破。人们可以轻易将热塑性塑料做成各种复杂的形状，用来取代过去用木材或"贝克莱特"塑料制造的各类小物件。这种新材料给我们的生活带来了极大便利，但它们对环境造成的后果也逐渐显现，如今，我们的河流和海洋里到处都是不可生物降解的塑料垃圾。

最后一种纤维增强塑料是 80 年前开发出来，它比木材更坚硬牢固，但又不像钢铁那样沉重，它就是玻璃纤维增强塑料。这类塑料含有连续纤维，其硬度比木材中的纤维素分子还要大。人们通过拉丝技术获得玻璃纤维，然后用其加固塑料树脂。这种新材料后来得到广泛应用，如用来制造小船的船体和生产风力涡轮机的叶片。对复合材料技术专家而言，他们的关注焦点是碳纤维复合材料。近年来，这种材料不仅开始取代木材，甚至逐渐替代钢材，因为它比这两类材料的硬度更高。碳纤维复合材料的硬度可以达到木材的 10 倍，而密度只有木材的一半，因此特别适合用来制造高性能物件。碳纤维复合材料最常用于体育设备：碳纤维加固的赛艇船体取代了胶合板船体；碳纤维滑雪板取代了原来的木板；碳纤维网球拍取代了老式的手工木制网球拍。碳纤维复合材料甚至正在取代飞机和赛车车身上的钢和铝。但这种复合材料也存在一个问题，那就是它的韧性不如木材和钢，这一缺点让英国发动机制造商劳斯莱斯公司在 20 世纪 70 年代差点倒闭。为了减轻新的 RB211 喷气发动机的重量，劳斯莱斯开发了碳纤维涡轮叶片。这种叶片效果非常不错，但不幸的是，如果有一只鸟不小心被卷入进气口，叶片就会碎掉，使发动机出现灾难性故障。因此，劳斯莱斯公司不得不重新使用钛合金叶片。当时，开发碳纤维叶片耗掉的巨大成本让公司几乎破产，劳斯莱斯不得不向英国政府寻求援助。

尽管经历了一些挫折，但工业材料上取得的进展是巨大的，人们用这些新材料塑造了一个全新的世界。如果一个来自 18 世纪的人置身其中，绝对会有天翻地覆的感觉。我们从未像现在这样任意地支配着周遭的一切，但这也给我们的环境造成了前所未有的污染。在室外，我们被巨大的建筑物包围；在室内，我们被无数小物件围绕。在这个由我们自己创造的世界里，我们时常感到力不从心。这让人不禁想到，在这拥挤的材料世界中，似乎没有了木材这种老式材料的位置。金属有出色的刚度、强度和韧性，在机械和土木工程中已经取代了木材；预应力混凝土更坚固且更容易成型，在建筑领域取代了木材；塑料更便宜，更适合用来做我们日常所需的各种物品；纤维增强复合材料具有无与伦比的刚度，在体育器材界无可替代。即便如此，在 20 世纪，我们仍然能够利用这些新材料让木材进一步发挥效用。

20 世纪初诞生了一个全新的行业——飞机制造业，木材对该行业的发展起到了至关重要的作用。你可能会觉得，像飞机这样先进的机器，从一开始就该使用金属这样的"现代"材料，毕竟金属更坚硬、更牢固。然而对只有低功率发动机的早期飞机来说，合格机身的关键在于做得尽可能轻巧。我们前面提到过，在等重的前提下，木材和金属一样坚硬，比如由于同样重量的木材可以制成更粗的支柱，所以它实际上比等重的金属支柱更坚固。因此，早期飞行器是用木制支柱连接起来的箱状物做成的，箱状物间由金属板连接，对角线支撑的框架可以抵抗剪力。拿早期飞机举例，比如说莱特兄弟的飞行器和布莱里奥单翼飞机，除了机翼用织物覆盖外，机身是镂空开放的框架。后来，为了使飞行器具有流线型的机身，其表面也被覆盖上了织物。第一次世界大战中的双翼机和三翼机，如索普威思"骆驼"战斗机和它的劲敌福克三翼战斗机，这些飞机都是轻量化设计的奇迹，当时生产了几千架，其中大多数制造工作都分包给了家具制造商。

胶合板是最早真正由木材制成的新型材料，早期的飞机制造商便是这一材料的主要使用者。我们前面提到过，木材的性能在纵纹和横纹方向上差异极大，正是因为这种各向异性，人们很难给木材塑形或将其任意投入各种用途。如果从错误的方向施加压力，木材就会沿纹理裂开，造成灾难性的后果。1797 年，塞缪尔·边沁提出了一个极富先见之明的想法，克服了这一弊端。他认为，可以将几张薄板用胶粘在一起，使每片单板的纹理互成直角。边沁觉得，这些薄板应该特别适合用来造船，因为比起用传统厚木板建造的船体，薄板船体能承受更大的剪力。然而在他那个年代，造胶合板是不切实际的。因为要想获得薄板，只能直接从树干上锯下薄木片。用这种方法制作的胶合板在宽度上与传统厚板一样十分受限。直到 1851 年，这个问题才得到解决。当时，伊曼纽尔·诺贝尔给一种高效的旋转车床申请了专利（他是阿尔弗雷德·贝恩哈德·诺贝尔的父亲，发明了炸药的阿尔弗雷德出资设立了"诺贝尔和平奖"，听起来极为讽刺）。该车床的工作原理如下：将原木两端固定在巨大的机床上，启动机器时木材开始旋转，一把长刀会沿着木身切割，割出一张薄薄的单板，就像从卷纸上扯下一张卫生纸一样。虽然使用这种车床作业要求原木得几乎完全平直，但人们总算可以生产出巨大的单板了。起初，用这些单板制成的胶合板质量很差，因为黏合单板用的是动物胶和植物胶，这两种胶并不防水，而且很容易腐烂。早些时候，胶合板通常只能用来做一些简单的物品，如艺术家的油画板。但家具设计师很快发现它是一种理想的材料。纽约的约翰·亨利·贝尔特等设计师实践后发现，胶合板可以轻易弯曲和塑造成二维甚至三维的曲线，打造出优雅的洛可可风格家具。

胶合板能制造弧形外壳的特点也引起了早期飞机设计师的注意，因为这意味着他们能制造出更平滑、更具流线型的机身。1912 年，朱尔斯·韦德里尼斯驾驶硬壳结构的德珀杜辛单翼飞机在戈登·贝内特杯大赛上一举夺冠。这架中单翼飞机造型优雅，其锥形机身由三层郁金香木板制成，并配有一个巨大的流线型螺旋桨毂盖，这样的设计在当时非常领先，为未来的飞机设计指明了方向。不过，在随后爆发的第一次世界大战中，只有少数德国设计师在造飞机时采用了胶合板，其中就包括我个人最喜欢的"鲸鱼"罗兰 C-Ⅱ侦察机，以及信天翁 D.V 战斗机。它们数量虽少，但看上去非常漂亮，机身前部经常画成张着血盆大口的鲨鱼，以彰显其灵活和凶猛。然而，采用胶合板的飞机数量远远少于传统木框架飞机。究其原因，可能是这类飞机较重，或者是它们在天气潮湿时容易腐烂。

20 世纪 20 年代，人们开始用新型聚合物树脂黏合单板，防水问题终于得到解决。室内使用的胶合板用的是便宜的尿醛树脂，而室外使用的胶合板用的则是防水的酚醛树脂。不久后，8 英尺[①]×4 英尺的

---

① 1 英尺＝30.48 厘米。——编者注

胶合板被大量生产，供一般建筑使用，成了专业木匠和业余木工爱好者的首选材料。制造商还开发了高质量的船用胶合板，用来制造各种小船。在过去的60年里，胶合板的应用让人们得以设计并生产廉价的成套小艇，让乘坐小艇航行变得更加流行。在《每日镜报》的推动下，英国已经造了7万多艘双人小艇；在南非，达布奇克单人小艇的数量也达到了4000多艘。20世纪60年代末，我父亲为了造一艘迷你胶合板帆船，连续好几个周末都泡在车库里，但我印象中他的造船过程并非一帆风顺。船用胶合板的防潮能力甚至受到了乐器制造商的青睐。还记得在一所早期音乐暑期学校里，我遇到了一个特别热心的人，他有一支胶合板低音竖笛。这支竖笛的横截面是方形的，看起来很丑，但它的音色确实和我以往听过的所有低音竖笛一样悦耳，这种情况可并不多见。

后来，航空发动机的功率越来越大，飞机的速度也随之越来越快，钢和铝等更硬、更重的金属得以应用。但出人意料的是，胶合板在第二次世界大战中却再次崭露头角。由于担心金属短缺，英国飞机设计师开发了平价的木制滑翔机，用于执行诺曼底登陆之类的空降突击任务，此外，他们甚至还研发出了一种超高速轰炸机。德哈维兰制造的"蚊式轰炸机"被机组人员称为"木制奇迹"，它的机身采用了巧妙的"三明治结构"，其轻木中央核心的两侧均覆盖着3层桦木胶合板，飞机生产商先将两侧胶合板分开塑形，然后再用胶水把它们粘在一起，飞机机翼也同样覆盖着胶合板。每架"蚊式轰炸机"由两台劳斯莱斯"梅林"发动机提供动力，速度比大多数德国战斗机都要快，总产量近8000架。它们的应用范围很广，从侦察到轰炸，甚至还能执行夜间战斗任务。由于"蚊式轰炸机"大获成功，世界大战结束后，德哈维兰公司还在继续使用胶合板，并将其用于"吸血鬼战斗机"的机舱。

胶合板现今仍是一种重要的材料，人类每年生产的胶合板超过1.45亿立方米。但在过去的70年中，许多种新的人造板材开始进入大众视野。这些人造板大多数性能较差，主要是为了把剩余的边角料利用起来。人造板中生产过程最简单的是刨花板，只需将木屑和锯末用树脂胶粘在一起，然后压实成片状即可。刨花板虽然脆弱，但经常用作廉价家具的夹层，宜家标志性的毕利系列书柜用的就是刨花板。刨花板表面盖上一层饰面薄板，既可以增加强度，又可以美化外观。美国和斯堪的纳维亚半岛的森林产品实验室开发了各种纤维板，生产纤维板用的木材事先用机器操作浸泡柔软，这一过程是为了分离木材细胞；完成这一步操作后，再将其压制成板材，并用树脂胶水做防水处理。纤维板的用途十分广泛，从高密度硬板到中密度板（室内改造节目中设计师的最爱），再到最轻的硬纸板，纤维板充分证明了平价包装材料的价值。如今，人们每年生产的纤维板约有2.5亿立方米。

在今天，对木材需求增长最快的行业是板材生产业，人们用木材生产比原木甚至胶合板性能更佳的材料，如单板层压木材和交叉纤维层压木材。层压板是由锯下来的木板制成的，外观漂亮，其最大的优点是通过将大量廉价的短木板粘在一起，可以制成几乎任何尺寸和形状的木梁和木板，建筑师从此不再受到树木尺寸的限制。层压板工艺取得重大突破多亏了指接榫的发明。每块短木板的两端都被机器切割成波浪形，像手指一样可以精确紧密地交握在一起；用胶粘牢后，形成的接头几乎和整块木材一样坚固。要制作胶合木梁，只需将木板一层层叠放在一起，木板数量没有固定限制，但是在指接处需要交错排列，避免削弱木梁强度。在这一阶段，木梁甚至可以像一叠纸牌一样弯曲。整个结构确定后用胶粘紧，再用液压机压牢。交叉纤维层压板的制作过程也跟胶合木梁差不多，只是木板按木纹十字交叉叠放，使板材在各个方向上都同样坚固抗压。

层压板既拥有胶合板坚固、成本低廉的优点，又保留了木材本身的美，因而用途广泛，比如可以用来做漂亮的家具。但相对来说，这种材料最适合用于建筑。设计师可以创造各种样式和尺寸的木梁，形状可以由计算机控制。木梁做好后，用螺栓和钢板将其连接在一起，形成建筑物的基本结构。这一套建筑流程成熟后，木材建筑兴盛了起来，为传统木材家居风格增添了轻盈和优雅感。在英国，层压板被大量用于美丽的花园建筑。比如说，谢菲尔德冬季花园就是对温室建筑的一种全新尝试。它的玻璃外壳由用层压落叶松木制成的优雅抛物线形拱门支撑。在埃塞克斯郡有一座海德厅花园，由皇家园艺协会运营，它的游客中心是对古老什一税仓式建筑的现代化诠释，但用层压板做的巨大柱子和椽子，以及由玻璃打造的正厅，让室内的光线更充足。除了英国，世界其他各地的人也充分探索这些材料在艺术和工程上的各种可能性。位于法国洛林的梅斯蓬皮杜中心是巴黎蓬皮杜中心的分馆，这座艺术博物馆可以说是将胶合木的艺术潜力发挥到最大的典范。屋顶是一个宽达 91 米的六边形，从地面到屋顶最高处为 77 米，整座建筑用到的胶合木梁总长度达 16 千米。在美国和加拿大，人们建大型体育馆时充分利用了轻质胶合木的工程优势。美国东肯塔基大学的校友体育馆有着世界上最大的木制拱形屋顶，其跨度超过 93 米。加拿大为 2010 年冬季奥运会的滑冰比赛建造了列治文奥林匹克椭圆速滑馆，它的屋顶由 2370 立方米的花旗松胶合木梁支撑。这两座建筑的拱形结构跨度都比圣潘克拉斯火车站的单跨拱廊宽得多。

木制建筑工艺在新一代高层建筑上的发展最振奋人心。过去近10 年里，木制建筑越来越高，位于澳大利亚墨尔本的福特塔于 2012

年竣工，共 10 层，高 32 米；矗立在挪威布鲁蒙达尔的米约萨塔是座多功能建筑，共 18 层，高达 85 米。这些高楼由厚厚的木梁支撑，外墙覆盖着交叉纤维层压板，其重量只有传统钢筋混凝土建筑的 1/5 左右，消耗的隐含能源①也只有传统建筑的一半。除此之外，木制建筑在抵御火灾上也更具优势。一般观点认为木材易燃，会助长火势，但其实巨大的木梁只有表面会被烧焦，而焦化的表层能阻止火焰进一步烧进内部；相较之下，钢架很容易融化倒塌。如今，人们正计划建造更高的木制建筑，比如阿姆斯特丹 21 层高的住宅楼，斯德哥尔摩 40 层高的大厦，以及伦敦巴比肯 80 层高的木塔。不久后，你将在伦敦看到一座高大的木塔耸立在水泥建筑间。

木材是诸多工业所需的原料，尤其是那些生产流程中涉及木材制浆工艺的产业。1930 年，汤姆林森发明了一种回收锅炉，它可以回收硫酸盐制浆法中使用的所有无机制浆化学品，这大大提高了生产效率。如今，几乎所有的制浆工艺都采用硫酸盐制浆法，每年生产的纸张超过 4.4 亿吨。当然，并非所有的纸都用来印刷图书或报纸。在过去的 80 年里，技术专家开发出了各式各样的纸制品，如包装纸和各种纸质卫生用品。大量木浆被进一步加工成纯纤维素，用作生产各种纤维、板材、薄膜和漆的原料。纤维素最早用于生产不易燃的涂料，本章提到的木制飞机织物上就用了这种涂料，不过，在 20 世纪 20 年代到 30 年代间，整个行业的发展都是以木浆为基础的。黄原酸纤维素是粘胶纤维的原料，醋酸纤维素和硝酸纤维素被用来生产各种塑

---

① 隐含能源也可称"虚拟能源"，是指产品从加工、制造到运输等全过程中直接消耗和间接消耗的能源总和。——编者注

料，三醋酸纤维素则是电影胶片的原料。随着计算机的普及，有人认为纸张会被扔进历史的垃圾堆，但如今纸张的使用量却越来越大。无纸化办公仍然是一个白日梦，任何工作场所都离不开打印机和影印机。电子阅读器也未能像人们预想的那样取代精装书和平装书，人们似乎更喜欢纸质书的便利和质感。

显然，我们不能再将木材简单视作一种过时的材料。经过工业加工，它已经被塑造成了一系列全新的产品，能与现代金属、混凝土、塑料以及各种复合材料媲美。木材的生产规模和使用量正逐年增长，2018 年为 14.5 亿立方米，到 2030 年可能会增至 16.8 亿立方米。如今，水泥的产量每年约为 13 亿立方米，而木材的使用量比它还要大。我们对木材的需求给世界各地森林树木的生长造成巨大压力。在下一章中，我们将看到人类与木材的关系对生态环境和整个星球带来的影响。

第四部分

直面后果

第 14 章

评估影响

人类文明在发展过程中使用了大量木材，如果说人类与树木的关系没有影响到我们的历史，那简直让人难以置信。历史学家一直以来都在思考能源与人类文明发展之间的关系——比如煤对工业革命的影响，但大多数时候，他们都忽略了木材的作用。研究木材光靠翻阅历史档案文献是不够的，常年与木材打交道的林务员和木匠是真正的专家，但他们通常出身卑微，很少留下书面记录；那些少数撰写过木材相关文字的人，如老普林尼和约翰·伊夫林，都是缺乏实践经验的贵族绅士，他们的文字很容易被个人经历左右。他们把大量树木被砍伐的画面用笔记录了下来，相比树木缓慢生长的过程，这些场面显然更具冲击力。所以毫不意外的是，普遍的历史叙述主题都是"破坏"，字里行间怨声载道，痛陈森林被"夷为平地"、被"糟蹋"。各类书籍中写满了乱伐森林的故事，这些道德故事讲述了新兴大国崛起时为了获取木材过度开发森林，导致一系列环境灾难，如水土流失、气候变化，最终走向灭亡。这类乱砍滥伐的故事一次次在历史上重演。很多观点认为美索不达米亚诸帝国、古希腊帝国、玛雅帝国、威尼斯共和国的衰落，以及复活节岛上拉帕努伊人文明的灭绝都和砍伐森林脱不了干系。其中最常被引用的例子是大英帝国，人们认为英国人为了建立皇家海军，毁掉了自己国土上宝贵的原始橡树林。

其实，真实情况并非如此。我们的行为确实对世界各地的森林产生了巨大影响，森林覆盖率大幅降低，森林构成也发生了变化。但是，人们已经找到了应对森林消失的方法，能在保持充足木材供应的同时避免环境恶化。人类对环境的影响体现在方方面面，而且是全球性的，我们与树木的关系对世界历史产生了深刻的影响。

砍伐森林导致文明灭绝，听起来似乎很合理，但这类观点都是基于错误的假设。首先值得推敲的便是砍伐森林会导致灾难性的水土流失。人们总是对感官获得的直接证据深信不疑，而且喜欢根据现代工业林业实践获得的经验下判断。他们总觉得森林被砍伐后，小溪与河流很快就会充满淤泥。但我们的主观印象夸大了这个问题的严重程度。过去的伐林速度要比现在慢得多，再加上没有重型现代机械，伐林对土壤的破坏也小很多。砍伐森林对环境造成的直接影响没有我们想象中的那么大。

许多人夸大水土流失的速度是有原因的，对此我有一些体会。以热带雨林为例，那里的土壤特别脆弱，降雨量又大，重型伐木机械对地面造成的破坏格外严重，这些因素都会导致土壤迅速流失。20世纪90年代初，我在加里曼丹岛的丹浓谷研究中心工作，主要调查热带雨林树木为什么会长出巨大的板状根。当时，另外两个研究小组正在调查森林砍伐对土壤侵蚀的影响。一个小组在伐木场周围的实验点研究小范围内的水土流失，另一个小组研究的范围更大，他们负责测量从整个汇水区排入昔加末河的土壤量。对一块约 20 米 × 2 米大小的空地的调查显示，一场大规模的风暴会带走 90 千克的泥土，总厚度约为 1.5 毫米，给土壤造成严重破坏。相比之下，同样等级的风暴虽然将 1.6 万吨淤泥冲入昔加末河，但汇水区的面积为 2978 平方千米，通过简单计算就能得出，受影响的土壤厚度仅为 0.004 毫米，比小块土地的损失少了近 400 倍。造成这种差异的原因是，小块土地上流失的土壤只是被转移到了山下几米的地方。虽然这些土地流失了土壤，但山坡更高处的土壤也会被转移下来。因此，实际上从森林中流失并进入河流的土壤很少。

一旦土地被开垦用于农业，水土流失的速度就会加快。考古学家经常发现，斜坡底部的表土比顶部更厚，因为土壤一直在慢慢下移。几百年甚至几千年来，这些变化一直在持续发生；水土流失是一个缓慢的过程。即便是最容易受到侵蚀的淤泥质黄土，水土流失也很难在一夜之间发生。古代中国中部的黄河地区，黄土被侵蚀的速度可达每年 1 毫米，而这些被大风吹走的尘土造成了严重的沙尘暴，席卷中国北方大片地区。尽管土壤侵蚀导致土地荒漠化，但这种情况也是在该地区被密集耕种了数千年后才发生的。

几千年来，人们学会了如何管理土壤，以免在生产劳动过程中对土地造成过度破坏。草和庄稼的根部可以像树根一样抓牢土壤。温带地区的气候温和、雨量适中，通过合理的施肥和堆肥就可以保持土壤的肥力。只有在高地地区，由于降雨量大大超过作物的水分蒸发量，才导致土壤积水、酸化，最终生产力下降。热带雨林中的营养物质频繁被大雨浸泡、冲刷，但最近的研究表明，亚马孙和西非雨林中的居民设计了许多保持农田产量的方法。他们修建了高高的梯田，通过大规模施肥使土壤肥沃化，培育出著名的亚马孙黑土。

世界各地的农民都不约而同地避开陡峭的山坡，因为那里的侵蚀发生得最迅速，而且风暴会造成灾难性的泥石流。即使在今天，陡峭的河谷和陡坡往往覆盖着残余的半野生林地。在人口最密集的丘陵地区，出于对土地的较大需求，人们不得不在险峻的山坡上耕种。农民一般都是通过修梯田来防止泥土被冲下山。这种农耕技术常见于地中海的石灰岩山区、火山爆发形成的加那利群岛和东南亚的稻田。在这些地区，整座整座的山都被修成了梯田，这些梯田在山间绵延连亘，就像一张巨大地图上的等高线，将泥土挡在护土墙后方。

受土壤侵蚀影响最严重的地方是树木被砍伐地区的河流。流失的泥土不仅使河流变色，而且会形成淤泥，给下游带来麻烦。东盎格利亚的沼泽地是新石器时代形成的，主要是因为上游大量砍伐森林，流失的泥土堵塞了本该汇入沃什湾的多条河流。纵观历史，人们在保持港口畅通方面常常遇到困难；冲向下游的淤泥总是会堆积在河口，堵塞河道。大多数河口必须不断疏浚以保持航道畅通，在极端情况下，淤泥会堆积成陆地，使港口与大海隔绝。例如，以弗所曾经是古代重要的港口城市，但它的入海口逐渐被来自小门德雷斯河的淤泥堵塞，导致它离海口的距离慢慢增至数千米，最终在 15 世纪被奥斯曼土耳其人废弃。

最后一个证明土壤通常不会因砍伐森林而受到破坏的证据是土地恢复为森林的强烈趋势：清除一片林地并不意味着森林就会永远消失。所有农民、自然保护区管理员和园艺工人都知道，防止树木入侵和森林重建是一场持久战。休耕土地不打理，很快就会长满植物幼苗。它们的生长速度十分惊人，首先会长成灌木丛，然后慢慢发展为森林，这个过程被生态学家称为"次生演替"。对于这一现象，住在纽约和伦敦远郊区的有钱上班族应该感受最深。在过去的 200 年里，康涅狄格州和萨里郡的农场主放弃了一些土地不够肥沃的小农场，让它们恢复成了次生林，环绕着上班族的居住区。

许多因砍伐森林而导致文明灭绝的故事本身也经不起仔细推敲。以最常提到的复活节岛为例，拉帕努伊人确实清除了岛上的森林，但这一行为是完全合理的。当时森林里大多是棕榈树，这种单子叶植物不仅不能提供实用的木材，其落叶还会闷住地面，像一层密不透风的毯子，阻碍下层植物的生长。砍掉棕榈树后，拉帕努伊人成功将森林转化成肥沃的农田，用石头为农作物遮风挡雨，在火山坑建造花园。1722 年，第一批欧洲人到达复活节岛，当时这里正蓬勃发展，但却不幸因欧洲人带来的疾病而种族灭绝。环境破坏的罪魁祸首是 20 世纪智利投机商引进的羊群。它们迅速啃食掉大部分剩余植被，造成了破坏性的水土流失。正是由于无节制的羊群放牧，复活节岛才变成了绿色沙漠，就像英国国家公园的部分区域和温带地区的山脉一样。

因此，我们不能断言砍伐森林直接导致了灾难性的水土流失和环境崩溃，这种简单粗暴的结论根本站不住脚。但我们与树木的关系确实对文明和全球环境产生了巨大的影响。如果从更现实的生物学角度来看待这一关系，我们就能更好地理解文明的发展，更好地理解当下处境。特别需要注意的是，不是所有的树木都是一样的。树木主要分为阔叶树和针叶树，它们在生物学上存在巨大差异。

与针叶树相比，阔叶树有高效的导管，幼苗生长速度更快，在气候和土壤最优质的地区，它们能胜过针叶树成为主要植被。阔叶树的树冠开展，树枝弯曲，许多树种被砍伐后会从树桩上重新发芽或从根部重新生长。阔叶林能很好地改善土质，它们的落叶可以增强土壤的肥力。相比之下，针叶树通常长在自然条件较差的地方，比如寒冷的北部、高山和半荒漠地区，这些地区的土地土层较薄、土壤贫瘠，频繁的霜冻和干旱天气使阔叶树难以存活。针叶树的叶子会使土壤酸化，并锁住现有的少量营养物质。它们的分枝形式也没有阔叶树那么多，因而树干更直、没有树结、上下粗细均匀。大多数针叶树种一旦被砍伐就会彻底死亡，只能重新种植树苗。

近年来，环境史学家基于生物学观点，运用收集树木分布数据的技术，开始对事实和成因展开分析。通过查看旧地图和教区记录，他们可以确定过去1000年来林木植被的变化；而花粉分析①可以帮助他们量化树木的覆盖范围和森林树种组成的变化，甚至可以追溯到有书面记录之前，也就是最后一个冰期。当我们采用他们的证据，并从生物学和生态学的角度展开思考时，世界历史突然有了更丰富的含义。我们可以看到森林是如何影响我们的生活，而我们又是如何反过来影响生态环境的，这种影响不仅仅局限于森林，而是整个星球。

我们会发现，同样的事情在世界各地重复上演。每当农民在新的地区定居时，他们首先会选择那些以往生长阔叶林的地方，因为那里的土地是最肥沃的。农民砍伐树木并非为了获得木材，而是为了清理土地，以便腾出空间种植庄稼。在欧洲，新石器时代的农民最先开垦的地区是地中海的常绿森林，以及中欧和西欧的落叶林。在亚洲，农民清除了中国中部的落叶林，以及中国南部、印度和东南亚的常绿森林。在美洲，农民清除了墨西哥南部和加勒比海地区的季雨林。亚马孙地区的农民甚至开始在巨大的雨林中开垦和耕种。在非洲，农民清除了西非的雨林，然后又开垦了中部、东部及南部的疏林草原。在更近的历史时期，西班牙殖民者在加那利群岛上清除了山上的常绿月桂林；欧洲人在北美洲开垦的第一批土地是新英格兰的落叶林地和加州中央谷地的地中海常绿林。在新西兰，毛利人和后来的英国殖民者首先清除的是南部低地的山毛榉森林。

相比之下，大部分农民都避开了针叶林，因为它们是土地贫瘠、无法耕种的标志。因此，新石器时代的农民将斯堪的纳维亚、阿尔

---

① 花粉分析是通过研究和鉴定不同岩石中木本和草本植物的花粉，对不同深度的泥炭或沉积层进行调查，可以在某种程度上了解到当时的植物区系和群落的演替状况。——编者注

卑斯山脉、西伯利亚和日本北部的针叶林基本保留了下来；而在新大陆，加拿大、五大湖地区、美国南方腹地和太平洋东北地区的针叶林，在19世纪以前基本无人踏寻。事实上，早期到达北美的欧洲人在选择新居住地时，得到过具体的建议，即清除阔叶林、留下针叶林。例如，在俄亥俄州，山毛榉是土壤条件良好的标志。

这种定居模式的结果是，最富有、最稳定和最长寿的国家都是从阔叶林地区发展起来的。古希腊、古罗马和中国的伟大文明都诞生在这些土地上。而那些位于草原和沙漠地区的国家，如中东的美索不达米亚文明、新墨西哥州的阿纳萨齐文明，以及安第斯山脉周围的许多文明，因为依赖灌溉土地为生，所以更容易灭亡。它们不仅更容易受干旱的影响，而且灌溉水含盐量高，这些盐分随着水的蒸发在土壤中堆积，造成盐碱化，导致作物产量长期大幅下降。由于这层原因，北美大平原上的农业难以长期持续发展，该地区很可能再次经历20世纪30年代的"黑色风暴"。而古埃及的灌溉地则是一个例外，因为尼罗河每年的洪水不仅灌溉了土地，而且冲刷掉了土壤中的盐分，这也是为什么伟大的古埃及文明能存续数千年。

开垦阔叶林的农民面临一个潜在问题，在清理森林时，他们破坏了树木与木材的正常供应。不过，这个问题是可以解决的。他们只需保留一小片森林，利用阔叶树的重生能力加以管理，如此便可获得充足的木材。在南欧，人们每隔几年就会砍掉树木的侧枝，只留下树干和上部树冠，使其迅速重新发芽，产出新的木材。在北欧和日本，农场主通过矮林作业管理阔叶林。每隔10~20年，他们就会把树砍到大概只留下一截树桩，刺激阔叶树快速长出大量新枝。在世界其他地方，人们还在林地中饲养牛、马、猪等家畜。他们会将树木修剪到啃牧线以上，防止动物破坏新长出来的嫩枝，这个步骤被称为"截头"。

动物们仍然可以在林地吃草，尽享秋季的橡果和山毛榉果，牧羊人也可以从树上砍树枝来给动物喂食。通过这些方式，农民只需留出一小块土地作为矮林或林间牧地，就可以满足自身对木材的所有需求。然后，再留下少部分树，任其自然生长到成熟，如此一来，获得的木材便绰绰有余了。矛盾的是，对木材的需求意味着即使在人口稠密和耕作密集的地区，阔叶林也能生存下来。

随着这些文明的繁荣，人们对木柴、木炭和木材的需求都在上升。我们在第 10 章提到过，木柴供应会影响经济增长。木柴过于笨重，无法经济有效地运往遥远的城市。但木材的情况就不一样了，从青铜时代开始，木材贸易就有了，大型木材在国家内部和国家之间都有运输。拥有广袤针叶林的地区和国家把木材卖给那些森林资源耗尽的富裕地区，用来建造大型建筑和船只。例如，推罗和西顿的腓尼基人将他们著名的黎巴嫩雪松出口到古埃及，所罗门圣殿的横梁便是腓尼基人提供的。在地中海北部，古代雅典从马其顿、黎巴嫩和色萨利等地进口冷杉，建立了三桨座战船舰队。人们还从多洛米蒂山上砍下软木，通过航运将其送往威尼斯共和国的造船厂。在北欧，波罗的海国家将云杉、冷杉和松树出口到汉萨同盟城市，然后运往荷兰和英国。通过贸易，人口稀少的贫困地区可以从人口稠密的富裕地区获得外汇和食物，从而得以发展，这也是财富在欧洲传播的一种方式。值得注意的是，在这些软木出口国中，有好几个后来都发展成了强国：腓尼基人依托地中海成长为一个贸易港口帝国，伟大的迦太基是繁荣的象征；马其顿人在腓力二世和他的儿子亚历山大大帝的领导下，征服了希腊所有地区，而后开始了东征之路；瑞典在 17 世纪到 18 世纪初崛起，短暂地称霸北欧，威震中欧大国。

在热带地区，气候炎热潮湿，雨水丰沛，树木生长速度非常快，人类在雨林中穿行不易，让原本就很辛苦的劳动生产难上加难。在有明显季节变化的热带季雨林中，清除森林和管理土地也比较困难。正因如此，当欧洲人从16世纪开始殖民热带和亚热带地区时，他们的活动方式与在温带地区时的差别很大。温带地区的殖民地和欧洲本土气候相近，所以欧洲人能够迅速定居并开始耕种，建立的殖民地基本上是旧大陆国家的副本，如加拿大、澳大利亚、新西兰、南非、智利和阿根廷。而在热带地区，欧洲人对在雨林中劳作没什么兴趣，他们只在那里采伐桃花心木和柚木等昂贵的木材。统治精英选择建立大型种植园，种植各种经济作物，比如在加勒比地区种糖料作物和可可，在巴西种咖啡，在南美殖民地种棉花和烟草，在印度种茶，在东南亚种橡胶。殖民者自己并不耕种，而是雇用能够更好地抵抗热带疾病的劳动力。在印度和非洲，他们雇用的是当地人；新大陆的原住民被灭绝后，殖民者又找来了新的劳动力。他们从非洲运来奴隶，从印度次大陆运来契约劳工，强迫他们在巴西、加勒比海和美国南方腹地的田地里工作。成千上万的印度和中国劳工则被输入到东南亚地区。这导致了全球范围内前所未有的大规模人口流动，大部分低地热带地区的森林被迅速砍伐。岛国巴巴多斯的名字来源于葡萄牙语，意思是"长满胡子"，这是因为岛上无花果树的藤蔓很像胡须。无花果树曾是该岛森林的重要组成部分，但如今岛上森林覆盖率不到5%。在少数殖民者的经营下，热带和亚热带的巨大种植园向欧洲工业家输送了大量原材料和昂贵食材，而这些地区又反过来成为工业成品的目标市场。

在过去的一个半世纪里，工业化和人口增长使我们对木材和土地的需求越来越大；而技术的发展使我们能够砍伐和清除的森林面积变得前所未有的大。最早沦为工业化伐木作业地区的是北美洲的巨大针叶林。19世纪末到20世纪初，以惠好公司为代表的林业巨头横扫各地的森林，首先遭殃的是五大湖区的白松林，然后是南方腹地的湿地松林，最后是太平洋东北地区的北美云杉林，这些木材经由新开通的巴拿马运河送往美国东北部的工业化地区。

自1940年以来，为获取木材而破坏森林的中心已转移到热带地区。有了马力十足的电锯和强大的现代运输设备，伐木者能够深入非洲中部、东南亚和亚马孙地区，进入以前无法涉足的雨林。在那里，人们专门砍伐有价值的树木，对森林造成了严重破坏。但好在这一打击不是致命的，热带雨林的恢复速度比温带森林还快，被砍伐的区域会迅速重新长满植物。首先会长出有着巨大叶子的先锋种，如轻木、号角树和血桐，最后慢慢长出顶级种。事实上，正是因为在热带雨林中发现了作物的踪迹，以及最近发现的亚马孙黑土，我们才知道许多原始雨林其实在20世纪就已经被开垦和耕种过了。伐木作业强硬地打开了雨林，让人类在其间大肆开垦，这和4000年前在欧洲以及18、19世纪在加勒比和北美洲的伐林耕种如出一辙。为发展自给农业，更大规模地种植油棕和大豆等经济作物，以及发展养牛业生产廉价牛肉，森林正以前所未有的速度消失。

了解了人类砍伐了哪些地区的树木，以及伐木的方式和原因，我们就能更好地理解这一行为对森林本身的影响和对整个地球生态的影响。环境史学家开始意识到，即使在工业时代之前，伐木的影响也是巨大的。第一个影响也是其中最明显的影响是林地面积的减少，特别是在那些以阔叶树为主的地区。例如，在中纬度欧洲，花粉分析显示，6000年前的森林覆盖率最高达到80%左右，然后下降到3000年前的60%，到中世纪末进一步下降到40%。在气候温和的英格兰，森林的损失更大，而且发生得更早。奥利弗·拉克姆称，通过分析历史记录发现，英格兰的森林大部分是阔叶林，其森林覆盖率在 1086 年《末日书》出版时已经下降到 10%，到 14 世纪初又进一步下降到 7% 左右。15 世纪，中国的森林覆盖率已经下降到 20% 左右。与此形成鲜明对比的是，花粉分析显示，斯堪的纳维亚半岛和阿尔卑斯山脉的针叶林覆盖情况与 2000 年前没什么差别，甚至与 300 年前相比也没什么不同。

第二个影响是原始"自然林"或"老龄林"的面积急剧下降。如今，欧洲只有少数几处林地未被人类染指，而那剩下的几个地方，如波兰和白俄罗斯边境上著名的比亚沃维耶扎原始森林，也不断受到伐木的威胁。虽然原始森林的减少并不一定会严重破坏物种多样性或影响森林的生态系统功能，而且似乎没有什么树种因伐木而灭绝。但是，人工管理的林地里长不出那些曾经主宰欧洲森林的真正巨树。早期欧洲殖民者来到美洲时，新大陆上的巨树曾令他们叹为观止。伐木后重新长出来的树没有原来的那么高，树干也没以前那么笔直粗壮，木材品质也更差。由于砍伐，森林生态系统的复杂性和储碳量都降低了，这在定期砍伐的矮林中尤为明显。数千年的林地管理也极大地改变了剩余林地的树种组成。花粉分析表明，在新石器时代以前，英格兰南部的森林以椴树为主，北部森林则以橡树和榛树为主，爱尔兰地区的森林以榛树和榆树为主，苏格兰高地则以桦树和松树为主。由于椴木苍白又柔软，不适合矮林培育，早期农民觉得这种树不是特别实用，便开始培育其他树种，所以椴树数量很快就下降了。几个世纪以来，人们一直选择培育那些利用价值高或适合做木柴的树种，因此，橡树和榛树逐渐遍植南方地区，枝干常被用来做成工具手柄的白蜡树也更加普遍。与此同时，古罗马人将山毛榉和栗树引入东南部。现代英国森林的树种构成与原始森林差别极大；18 世纪，为了建设英国皇家海军，广袤的原始橡树林被砍伐殆尽。

结合林地面积和植物生物量两方面的损失，环境史学家能够计算出伐木对森林储碳量的影响。牛津大学的森林历史学家迈克尔·威廉姆斯估计，1700 年时就已经有大约 390 万平方千米的阔叶林从地球上消失，约占全球陆地总面积的 3%，占林地总面积的 10%。弗吉尼亚大学的威廉·鲁迪曼教授认为，这将向大气释放大约 2750 亿吨的碳，使二氧化碳浓度增加约 40ppm（百万分比浓度）[1]。鲁迪曼称，还要加上因种植水稻和饲养家畜而增加的甲烷，它们将导致平均气温上升 1.4 摄氏度。这一切足以延长我们当前的间冰期，阻止世界进入新的冰期。值得注意的是，该温度增幅与 20 世纪测量到的温度增幅相近，后者主要是由于大量燃烧化石燃料造成的。鲁迪曼的数据引发了激烈争论，因为其他古生物学家得出的碳排放量为 1100 亿吨左右，但是，近年来许多学者研究了历史事件对森林覆盖率、二氧化碳水平和气候的影响，这些研究都证明了，在工业时代之前，森林砍伐就是导致全球变暖的原因。比如说，花粉分析表明，欧洲的森林植被在过去的 2000 多年里有两次大幅增加：一次是在公元 476 年西罗马帝国灭亡后的几个世纪里；另一次是在 14 世纪末，当时全欧洲 1/3 的人口罹患黑死病身亡。

现如今，还有另一个重大历史事件被认为造成了间冰期，这一全球性的寒冷时期持续了整个 17、18 世纪。环境历史学家发现，1492年发现新大陆后，最初并没有像人们曾经认为的那样导致森林砍伐，恰恰相反的是，这一地理大发现反而促进了森林植被的增加。当时欧

---

[1] 是用溶质质量占全部溶液质量的百万分比来表示的浓度，也称百万分比浓度。经常用于浓度非常小的场合。——编者注

洲人带来了各种传染病——如麻疹、流感和梅毒，导致原住民人口锐减。据说，原来的人口高达 6000 万，但到 1600 年只剩下大约 600 万，这种现象被称为"大灭绝"。由于人口下降，墨西哥的耕地、印加高地的梯田以及加勒比地区和亚马孙的林地都重新变成了森林，全球大气碳含量减少了大约 90 亿吨，二氧化碳浓度降低了约 3.5ppm，这些变化可以解释为什么在之后的 200 年里全球 2/3 地域的气温会下降 0.27 摄氏度。在 17、18 世纪，欧洲因为农业歉收出现了各种冲突，最终导致法国大革命爆发，而收成不佳是由于数千千米外的森林重新生长挤占了耕地。

工业化以前，人类对世界的影响就很大了，自从进入工业时代以来，人类对森林的影响更是进一步加大。从 1700 年到 1940 年，温带地区损失的林地面积达 388 万平方千米，其中大部分是针叶林。而自 1940 年以来，我们每年要清除掉 11.7 万平方千米的热带雨林，总损失超过 800 万平方千米的热带雨林。目前，世界森林覆盖率已经降到 31%，6000 年前这一比例是 43%。造成如今全球气候变化的二氧化碳排放中，约 20% 的碳排放增量就是因为林地面积的减少。

森林的迅速消失引起了林业工作者的担忧，他们纷纷开始采取行动。工业化采伐催生出了一种新型树木管理方法，即种植园林业，这种技术最早出现在 19 世纪的德国。其理念是，与其等待被砍伐的阔叶树重新发芽，或让针叶树从幼苗自然再生，不如彻底将森林砍伐干净，然后重新栽上在苗圃中培育的幼树，人们发现这样做树木生长得更快，获得的利益也更多。从本质上讲，这其实就是种树。这种"科学"的新方法迅速取代了矮林作业等林务人员已成功实践了几个世纪的传统技术，并很快从德国传播到欧洲其他国家，在 20 世纪还传到了北美和热带地区。

不幸的是，在许多方面，这种种植方式被证明会引发灾难性的后果。第一个问题是，由于它假定木材是唯一有价值的资源，因此林务人员必然更倾向于种植生长速度快和树干笔直的树木，如针叶树、桉树和柚木。大片土地上的阔叶树被砍伐殆尽，减少了生物多样性。在温暖的温带地区，许多阔叶林地被毁，取而代之的是一棵又一棵的针叶树，土壤质量因此降低。针叶树树冠下常年阴暗，生长在其下层的花卉和灌木等植物难以存活。在伊比利亚半岛，巨大的桉树林不仅挤占了本地森林植被的生存空间，还使森林火灾频发。

第二个问题是，人工育林导致一些森林只含单一树种。它们特别容易受到风害，更令人担忧的是，真菌性疾病和虫害可以一举摧毁整个森林。林业工作者对此几乎无能为力，因为树木的生命周期太长，无法通过选择性育种来培育新的抗病品种。这种"科学"种植法根本不适合用来种树。林业工作者很喜欢引入外来树种，而这些树种要么容易染病，要么会破坏当地动植物群，使情况变得更糟。以辐射松为例，它曾经是加利福尼亚海岸的稀有树种，如今在世界各地被广泛种植，从南非到智利，从澳大利亚到新西兰，到处都可以见到，我甚至在加那利群岛上都看到过它的身影。而加那利群岛有一种本土松树，即加那利松，已经很好地适应了当地的自然条件。此外，外来树种带来的害虫和疾病会杀死本地树木，因为它们根本无法抵抗这些新型威胁。近年来，新型疾病以令人震惊的速度入侵欧洲和北美洲，欧洲的白蜡树正饱受灰蛀虫和拟白膜盘菌之苦。苏联林务人员引入了水曲柳，无意间把真菌病也顺带着带了回来，这种病害对水曲柳而言不足为道，但迅速吞噬了欧洲本地白蜡，大片白蜡林毁于一旦。仅仅100年时间，美国栗树被日本传来的栗疫病消灭殆尽。今天，蜜环菌根腐病正迅速蔓延全球，威胁着数百种树木，杀死了云杉等针叶树和桉树等硬木树。事实上，似乎只有落叶松和白桦树对蜜环菌有抗性。

最后一个问题是，人工育林根本不适合现代工业世界的快节奏。我们很难预测一棵树 50 年后会长成什么样，也不可能预判木材的未来价格，林业人员甚至无法保证将来会有人来买木材。因此，投资林木风险极大。由于大风天气，二战后在英国种植的大部分落叶松树都长得弯弯曲曲，这样的木材基本上就不值钱了，此外，许多人工林已经被一种新的侵入性疫霉菌折磨得苦不堪言。同样在英国，北美云杉生长得很好，专门用来做坚固的矿井支架。不幸的是，英国已经不再开矿采煤了，自然也不再需要木支架支撑矿坑。欧洲各地都有很好的橡树种植园，那些橡树种植于 19 世纪初，就是为了保证造船业的木材供应。但问题是，那之后的 150 多年，人们一直用钢铁造船！

当前，世界各地森林的境遇不容乐观。地球上仍有超过 3 万亿棵树，覆盖全球面积 30% 以上。在了解了人类活动在过去和现在对树木造成的影响之后，我们必须保护我们的剩余林地。在最后一章中，我们将谈到如何修复人类与森林、树木以及木材之间支离破碎的关系。

第15章

修复紧张关系

我希望通过这本书能让大家了解到，我们与木材的关系对于人类这一物种的成功有多么重要。正是因为有了木材，我们才能从枝头走到地面，成为顶级掠食者，才能在除南极洲以外的所有大陆上生活，最终垄断土地为己所用。在这一过程中，我们改变了地球的表层环境。我们清除了大片森林，改变了剩余林地的树种构成，直到最近几百年，我们才开始追求可持续的利用和发展。但很明显，如今情况已经大不一样了。

事后看来，历史的转折点出现在1600年左右。自那时起，化石燃料开始被用作木柴和木炭的补充品，并逐渐取而代之。这一过程促进了城市的发展、科学的诞生，以及资本主义的崛起和工业化的发展。煤、天然气和石油等新能源似乎取之不尽，在这些能源的帮助下，我们以更大的规模聚居，发展各类科学机构，更好地了解世界，结合全新的知识和力量，大量生产新材料和工业制成品。400年来，物质和经济得到了空前的发展。我们从未能够养活如此多的人口，活得如此健康长寿，并且能生产和消费这么多的资源。戒掉对木材的依赖似乎是一个不错的想法。

但事物都有两面性。每当从约束中获得解脱，我们的欲望总是容易失控，过度放纵不仅伤害了自己，还伤害了周围的人和环境。我们不断努力提高物质上的舒适度，用新奇事物刺激感官，在过去的200年里，能源消耗暴增了20倍。由于增加的能源绝大部分是通过燃烧化石燃料提供的，这使得大气中的二氧化碳水平从280ppm上升到了400ppm以上，导致了快速的气候变化，使我们未来的处境变得非常危险。工业化也使破坏性的森林管理方式在全球流行，使全球林地面临进一步风险。最致命的是，工业化使我们与大自然隔绝，破坏了人类这一物种与木材之间长期的关系。我们的祖先靠狩猎采集为生，他们制作木器打猎，收集木柴生火，这种与木材的日常亲密性到今天已不复存在；早期农民种树伐木，将木头做成各种实用器具，这些日复一日积累下来的知识逐渐消失；一代代木匠给木头塑形，用木头建造房屋和家具，这些靠亲身实践沉淀下来的工艺也传承堪忧。4个世纪以来飞速发展的工业将它们弃若敝屣。我们生活在一个高科技的世界里，被各种玩具包围，享受着各种电子产品带来的便捷，但是，我们越来越缺乏祖先那种创造工具为己所用的能力。

有一次，我和我的研究助理米奇·克鲁克在加里曼丹岛丛林调研，期间发生的事让我对上述内容感触尤为深刻。当时，我们正在研究板状根的力学作用，米奇需要把一些小树锯到只剩下3米左右，这样就可以用吊索和我们的小型卷扬机把它们拉过来。但是，米奇和他的田野助理埃姆兰（一个镇上长大的年轻小伙子）都想不出怎么才能爬到足够高的树干上锯断小树。最后，他们不得不从研究中心请来一位年长的向导来帮忙。向导名叫萨布兰，40岁左右，是热带雨林的原住民，在当地的一个村庄长大。迅速摸清情况后，萨布兰砍下了一根藤条，将其缠绕在树上，搭成了简易的梯子。显然，他已经学会并形成了与树木打交道的能力，可以把握木材的力学性能。他的木工技能远超米奇，米奇是一个极有天赋的实践研究者，他曾负责建造和维护复杂的电子设备，在做力学测试方面有丰富的经验。

我们离林业和木工的实践世界越来越远，由此导致的动手操作能力的缺失使我们的生活在诸多方面变得贫乏，我们变得没有安全感、感到不快乐，这种状态在任何一种关系破裂时都会出现。心理学家已经开始量化与树木保持良好关系的益处，尝试证明它们对人类的重要性，虽然这一点我们心知肚明。他们的研究表明，单单置身于林间就能给人带来很多好处，而在林地中工作，比如种树、伐木，获益还会更多。在空地或火炉烧柴生火可以为安静舒适的夜晚提供一个自然的焦点，这种氛围感是丹麦"Hygge"① 文化的重要组成部分。当人们和木材打交道时，用木头制作工艺品时，也会感到更加平静快乐。我的编辑在修改稿子和创作惊悚小说的间隙，会用自己在旅行中发现的木头做盒子。还有我的哥哥，他研究的是危害地球的树木疾病，当他因工作产生紧张情绪时，他通过设计建造模型游艇来缓解压力。完成这类需要动手实操的项目会给我们带来一种安静的满足感，而这种满足感是被动型的娱乐活动无法提供的。置身林间或生活在木制建筑中也能有所受益；比起在刷了油漆或混凝土墙壁的教室里上课的学生，在木制墙壁的教室里上课的学生受到的干扰更小，学习成绩也更好。

我们在日常生活中失去了这些好处，因此在许多方面，我们过得反而不如祖先。与此同时，我们还在不断破坏地球，让境遇变得更加悲惨。如何才能扭转这一进程？如何使用木材来治愈我们的星球，让生活重新获得意义呢？

毫无疑问，科学技术就是答案。我们在第 13 章中提到过，用现

---

① "Hygge"一词源自古老的挪威文，意思是身心安逸，到 19 世纪后期传入丹麦，衍生为快乐、自在、温暖、舒适的亲密感和来自日常的平凡幸福。——编者注

代方法改造木材，使其取代钢铁和混凝土等能源成本更高的材料，用胶合板和交叉纤维层压板建造的新型摩天大楼和公寓比用传统钢筋混凝土建造的建筑要轻5倍。这意味着耗能更少，地基也不需要打那么深，因此，这类建筑的隐含能源可以低至普通建筑的1/5。英国皇家学会近期的一份报告估计，混凝土产业占全球碳排放的5%，钢铁产业占3%，用木材建造未来世界可以极大地缓解气候变化，减少2.3%左右的碳排放。世界各地的木材科学实验室一直在不断创新，以使木材取代其他材料。马里兰大学的胡良兵教授已经证明，可以通过致密化来克服木材低刚度的缺点。首先，用一种类似于造纸的工艺去除部分木质素，然后在高温下压缩木材，直到它变得坚固。其次，把纤维素纤维沿着纹理重新定向，这样一来，新材料不仅在强度上比普通木材强12倍，而且在韧性上比普通木材还要强3倍，可以用来替代钢或铝。沃伦伯格木材科学中心的科学家们已经证明，改良后的木材甚至可以取代玻璃。去除所有木质素后，木材就会褪去色彩，然后科学家用一种与细胞壁具有相同折射率的树脂浸渍该材料使其变透明。用木材制造生物可降解塑料的方法也在芬兰各地得到了很好的应用。用新型木材产品发展全新低碳经济的道路似乎已经打开。

然而，这种高科技方法也存在问题。首先，这些木制品都不能实现碳中和[①]。采伐、运输和加工木材都需要能源。而在现代木材的生产流程中，最耗费能源的步骤是窑内烘干。蒸发水分需要消耗的能量约为每磅1兆焦耳，新砍伐的木材含水量更多，消耗的能量约为每磅4.5兆焦耳。所有这些步骤都会产生温室气体，除非用的是可再生能

---

① 指二氧化碳的净零排放，具体讲就是二氧化碳的排放量与二氧化碳的去除量相互抵消。——编者注。

源或燃烧的是废弃木材。高科技方法还有另一个潜在缺点，它会让我们对木材的需求进一步增加，导致上一章提到的那种破坏性伐木和种植园林业的扩张。高科技的方法将进一步推动我们的强大经济，使其在经济无限增长的道路上走得更远，最终造成更严重的环境破坏。林业已经开始与农业和自然保护区争夺土地，增加工业木材生产将威胁食品安全和生物多样性。把木材当作工业产品，既无助于治愈我们的心理创伤，也不利于重建我们与木材的关系。住在木制建筑里会让我们更开心，但我们仍然没有修复与森林的关系，也没有重新捡起木工技能。

从另一个角度看，在地方层面我们能做的有很多。生活在城市的人已经从世界各地兴起的城市森林倡议中受益，这些倡议推动发展了人造绿化景观。从 1840 年起，人们就开始在城市植树。德比植物园是英国的第一个城市公园，由约瑟夫·斯特拉特主导建设（约瑟夫的哥哥威廉·斯特拉特是铁架建筑的先驱）；1858 年，位于曼哈顿的著名城市公园纽约中央公园开始向公众开放；高大的椴树构成了乔治-欧仁·奥斯曼设计的巴黎林荫大道的主要风景；而维多利亚时代种植的梧桐树仍然是伦敦街道的亮点。最近，城市规划者试图为这些历史遗产锦上添花。过去 15 年里，百万植树计划促进了洛杉矶和纽约的街道绿化建设，还推动了世界各地其他城市启动类似的规划发展。过去 30 年里，在美国农业部林业局设立的芝加哥城市森林项目的领导下，科学家、经济学家和心理学家一直在试图量化城市树木带来的好处。研究表明，在城市植树的益处是巨大的。树木提供树荫，使体感温度降低 2.7~7.7 摄氏度，使城市热岛效应减少，气温降低 2~4 摄氏度，从而降低炎热天气里 15%~30% 的空调开销。树木可以捕捉烟尘颗粒，减少 15% 左右的颗粒物污染，平均降低 20% 的暴雨径流，并阻隔城市噪声。树木可以提高地产价格，减少破坏行为。树木甚至能使住在林荫道边的人心情更愉悦，邻里关系更亲密和睦，即使这些人实际上并不怎么喜欢树。

虽然城市树木的生长给人们带来种种好处，但当其寿命结束被砍伐后，情况就不一样了。树木被砍倒后，树艺师只会把它们处理成木屑和锯末，充其量用作土壤覆盖物，本可以用来储碳或改为他用的木材就这么被浪费了。这说明城市林业未能教育城市居民理解人类与树木的实际关系，人们将它们视为美丽但无用的生物体，而非生活的一部分或潜在的木柴和木材来源。想提高居民意识有一个简单方法，那就是在大面积的荒地上种植榛树或柳树等树木。这些树种可以进行矮林管理，它们会快速生长，形成一个有野生动物生存的区域，同时为城市降温和洪水防控做出巨大贡献。这些林区可以定期轮流砍伐，就像传统的矮林作业一样。志愿者可以采摘嫩枝作木柴用，或做一些篮子之类的工艺品，也可以做绿色木工。

城市林务员还可以使用便携式锯木机来修理道路两旁的大树，为之后的木工项目打基础。孟加拉国也尝试推行了类似的城市林业倡议，城市居民可以通过照看街区的柚子树苗得到报酬，大约20年后，树苗长成大树被采伐时，他们就可以拿到最后的报酬。"绿带运动"是另一个采用自下而上方法的成功案例。该运动由已故诺贝尔奖获得者旺加里·马塔伊于1977年在肯尼亚发起，他让当地的妇女在住处周围种下树苗，长大的树苗能够为其家庭提供木柴、木材和食物，同时防止水土流失，储存雨水，最重要的是，让妇女获得经济能力。

由于这些城市倡议的规模太小，对全球或地区木材生产的影响力有限，因此人们需要更大规模的地方或地区级的倡议。近年来，埃塞俄比亚提出了一个雄心勃勃的造林计划——在近6万平方千米的农村土地上种满树。2019 年在当地人的帮助下，短短的一天内就种植了 3.5 亿棵树。在太平洋东北部的针叶林、阿巴拉契亚山脉，以及欧洲的阿尔卑斯山脉沿线和斯堪的纳维亚半岛上的国家，人们依然和周围的树木保持着亲密和谐的关系。了解他们与树木相处的方式，可以给我们复育造林带来启迪。这些地区的传统林业长期以来都十分注重环境友好。意识到生长针叶树的薄土的脆弱性，林务人员越发倾向于使用前人的管理方法。他们每次都不会把林地全部砍伐干净，而是采用连续覆盖林地的管理办法：他们每次只砍伐少量树木，尽量减少对土壤的破坏，以使森林更快地恢复，使幼苗在成熟树木的庇护下生长。在这样的管理下，森林会更加健康，形成的景观更加自然漂亮，产出的树木枝干更直，纹理更好看。许多国际非政府组织都鼓励采用这种林地管理方法，比如森林管理委员会和可持续林业计划，后者专门负责认证来自可持续林地的木材。到目前为止，获得该认证的木材大部分来自斯堪的纳维亚半岛和北美，但随着发展中国家管理的改善，他们的林业政策也在进步；腐败的伐木特许销售权被可持续的森林管理取代。与此同时，人们也在试用各种新技术。在低影响采伐中，人们会把藤蔓砍掉，使用特殊轨道将树木小心拉出，就像殖民时期的林务人员用大象清除树木一样。在补植地区，被砍伐的区域会种上经济价值高的树苗。这些技术减少了对环境的破坏，加快了热带雨林的恢复速度，还能帮助热带木材获得认证。

在斯堪的纳维亚半岛，与树木关系紧密的不只是当地的林务人员。拉尔斯·迈廷在新书《挪威的木材》中深情地谈到了伐木、劈柴、储存和生火等文化对挪威人的意义。在诸多欧洲国家中，森林文化底蕴最深厚的是芬兰，该国针叶林覆盖率达到了 75% 以上。

2001 年，曼彻斯特的科学与工业博物馆举办了芬兰巡回展览

"森林与我"，我应邀做了几场关于树木的讲座。该展览概述了人们可能关心的有关林业的方方面面。展览中有令人惊叹的树木采伐机器和木材制浆的科普信息，还可以通过虚拟现实技术运营自己的锯木厂。显然，芬兰人把森林放到了生活方式和自我认同的中心位置。对芬兰的年轻人而言，这个展览能带他们进入成人的世界，认识这个制造木屋和提供燃料的工业，了解那些他们或许会心仪的工作。遗憾的是，普通的曼彻斯特居民对这个展览没什么感觉，男子组合"Take That"的歌曲或曼联俱乐部的战绩更让他们感兴趣。曼彻斯特是一个大城市，这块土地上曾经长满了阔叶树，但这些树几千年前就被清除干净了；几个世纪以来，人们烧的一直是煤而不是木柴。这次展览不是很成功，参加人数也不多。

虽然有些地区的大部分土地都被开垦为农业用地，但在这些地方（有的离曼彻斯特还很近）仍然有许多小面积的阔叶林在过去的一个世纪里几乎无人问津。特别是塑料被发明出来之后，很多木制品都被淘汰了。由于以前运营的都是大规模的人工林，人们觉得这些小林子创造不出经济效益，因此任其生长，无人打理。如今，这些树长得又大又密，浓密的树荫杀死了树下曾经繁茂的野花。不过幸运的是，一些小型组织和大公司已经开始开发这些林地，从中获取木柴、木材和木炭，就像我们祖先几百年前做的那样。如今买炉子的人越来越多了，可以把木柴卖给当地居民；而木材则可以送到附近的锯木厂，锯开后卖给手工艺者。木工和车削加工又迅速流行了起来，人们用这些技能建橡木屋、制作家具、生产各种有用的工具和物件，就像千百年前我们的祖先做的那样。林地再次成了小规模循环经济的基础。

同时，"再野化"运动开始将大面积的边缘农田重新变成天然森林和灌木丛。实验表明，即使在经过深度人工改造的英国乡村，这样做也能带来巨大的好处。在相对较小的范围内，如英国萨塞克斯郡的克奈普庄园，停止在低地地区耕作重黏土后，灌木丛和落叶林就能重新生长；在单位面积的土地上，减少牛和猪的放养数量，就可以重新恢复中世纪的森林牧场。由于几个世纪的放牧，许多本来青草丰美的高地都退化了，而把动物迁走后，曾经是绿色沙漠的苏格兰高地又重新长出了树木。在欧洲大陆其他地方，还出现了另一番景象，随着年轻人向城市迁移，大片边缘土地慢慢变成了无人之地，这意味着到2030年将会有约31万平方千米的再生林地。北美再野化的土地面积还要更大。根据"黄石至育空保护倡议"，将会有3200千米长、64千米宽的土地被"再野化"。津巴布韦生态学家艾伦·萨沃里估计，全世界将有4921万平方千米的退化草地能得到恢复。"再野化"地区的新生林地和灌木丛不仅会带来野花、昆虫和鸟类，丰富生物多样性，还能吸收二氧化碳，帮助应对气候变化。过去的一个世纪里，这些都在新英格兰地区和新西兰被遗弃的农场上得到了验证。据估计，这些广阔地区的树木和土壤可以吸收数十亿吨的碳，将二氧化碳水平降低20ppm，给全球降温2.7～3.6摄氏度，有助于控制全球变暖。

在我们当中，很少有人拥有可任意支配的土地并将其恢复成林地，但我们仍然能够有所作为。首先，我们可以了解更多的树木林地相关知识，并让孩子们也多加学习。世界各地的森林学校正蓬勃发展，这类学校鼓励儿童在自然环境中玩耍学习。成年人给儿童的教导已经够多了，为什么不让他们在林间玩耍？在那里他们可以亲身体验森林的乐趣和危险，认识不同种类的树，了解木材的力学原理。比起传统博物馆，为什么不带他们去露天博物馆呢？至少孩子们能在空气清新的环境中到处奔跑，释放旺盛的精力，享受更多的乐趣，还能学习到与祖先日常生活相关的有趣的知识。为什么不教他们识别树木、寻找野生食物呢？或教他们制作木头模型和其他有用的物件。我小时候做过虫笼和巢箱，还在木工课上做过一个"现代雕塑"，这个雕塑如今还放在我父亲的房子里，用作厨房的纸巾架。这些东西可能并不完美，甚至做工非常粗糙，但它们对我来说比买来的商品意义更大。因此，为什么不停止购买制成品，而去学会自制一些简单的木制品呢？你不需要像我的一位前同事那样住在新石器时代风格的圆形房屋里，或者像我带过的博士生阿德里安·古德曼那样教你的孩子雕刻弓箭。你虽然不需要做到这种地步，但要知道，减少购买制成品就可以减少我们对地球的影响。谁知道呢？我们也许能够开个好头，帮助人类回到那个更温和、更欢乐的木器时代。

致谢

这本书是我多年思考的结晶，在曼彻斯特大学和赫尔大学任职期间，我获得了大量灵感。在那段时间，我得以前往世界各地的森林开展教学和研究，向一众聪明的学生讲授生物力学、进化、植物生物学和树木学等不同科目。与此同时，我能够把收集到的所有信息整合起来。感谢这个项目和参与研究的各位学生，让我能够检验自己的许多大胆想法，特别是书中提到名字的那些学生。如果没有他们的才华和热情，我不可能建立起自己的故事。

感谢我的经纪人彼得·泰莱克一直以来的支持，他帮助我将文稿塑造成了一个连贯的故事，消除了我在学术上的很多困惑。感谢西蒙＆舒斯特公司的编辑科林·哈里森和萨拉·戈德堡，他们帮助我完成了这本书，并教了我一些有关美国历史的知识。感谢我的哥哥理查德·埃诺斯，我的朋友兼同事彼得·卢卡斯、亚当·范·卡斯特伦、大卫·阿姆森，以及无私的林赛·伍德，他们都看了这本书并给予了珍贵的意见。

感谢我的家人，让我得以不断探寻生命的联系，理解世界的意义。感谢汉普顿文法学校（现在叫汉普顿学校），给了我挑战传统观念的信心、态度和知识工具。最重要的是，感谢我的伴侣伊万，感谢她30年来的支持、爱和陪伴，她教会我从容处事的诸多好处。

译名对照表

A

阿德·范·德·沃德 Ad van der Woude

阿德里安·古德曼 Adrian Goodman

阿法南方古猿 Australopithecus afarensis

阿伦斯堡 Ahrensburg

阿亚索菲亚 Hagia Sophia

艾哈迈德·优素福·穆斯塔法
　　Ahmed Youssef Moustafa

艾伦·罗杰斯 Alan Rogers

艾伦·萨沃里 Allan Savory

安德烈亚·帕拉迪奥 Andrea Palladio

安德鲁·杨 Andrew Young

B

巴拉诺文化 balanoculture

《百科全书》 Encyclopédie

百万植树计划
　　The Million Tree Initiatives

保罗·沃德 Paul Warde

保罗－马利·勒罗伊 Paul-Marie Leroy

鲍氏傍人 Paranthropus boisei

北美大平原 the Great Plains

贝克莱特 Bakelite

本杰明·亨茨曼 Benjamin Huntsman

比尔·塞勒斯 Bill Sellers

彼得·惠勒 Peter Wheeler

彼得·斯罗克莫顿 Peter Throckmorton

变号 crumhorn

标枪投掷器 womera

补植 enrichment planting

波士顿倾茶事件 Boston Tea Party

布里格木筏 Brigg Raft

布列坦尼亚桥 Britannia Bridge

布瑟古农场 Butser Ancient Farm

C

查尔斯·雷尼·麦金托什
　　Charles Rennie Mackintosh

查尔斯·罗杰斯 Charles D. Rodgers

船桅之路 the Chemin de la Mâture

船桅危机 the Great Mast Crisis

D

达尔卡 dalca

"大不列颠号" SS Great Britain

"大东方号" SS Great Eastern

大锯 pit saw

大卫·阿姆森 David Armson

大卫·格林 David Green

大卫·萨姆森 David Samson

大卫·桑姆逊 David Samson

"大西部号" SS Great Western

戴夫·英瓦尔 Dave Ingvall

丹尼尔·波维内利 Daniel Povinelli

吉尔·普鲁茨 Jill Pruetz

加里·拉文 Garry Lavin

迦太基城 Carthage

《间谍》The Secret Agent

简·德·齐乌 Jan de Zeeuw

角号 Cornetts or cornettos

杰夫·卡特 Geoff Carter

杰罗姆·克拉普卡·杰罗姆
　　Jerome K. Jerome

截头 pollarding

金缕地 Field of the Cloth of Gold

旧圣伯多禄大教堂
　　Old St. Peter's Basilica

巨木阵 Woodhenge

K

卡尔·达尔 Carl Dahl

卡雷尔·范·沙伊克 Carel van Schaik

卡伦·惠普尔 Cullen Whipple

卡迈勒·马拉赫 Kamal el-Mallakh

卡佩尔 Kaaper

凯斯特河 the Cayster River

康斯塔克矿区 Comstock Lode

康纳利斯·科内利斯松
　　Cornelis Corneliszoon

可持续林业计划
　　Sustainable Forestry Initiative

克莱夫·沃丁顿 Clive Waddington

克里斯·路易斯 Chris Lewis

克里斯蒂安·惠更斯 Christiaan Huygens

克里斯蒂安·汤姆森 Christian Thomsen

克里斯托弗·伯施 Christophe Boesch

克里斯托夫·拉夫 Christopher Ruff

克里斯托弗·雷恩 Christopher Wren

克利夫顿悬索桥
　　Clifton Suspension Bridge

"肯特号" HMS Kent

库比佛拉地区 Koobi Fora

库比福弗拉 Koobi Fora

L

拉尔斯·迈廷 Lars Mytting

拉密达猿人 Ardipithecus ramidus

莱迪柯克 Ladykirk

劳伦斯·基利 Lawrence Keeley

劳伦斯·斯蒂芬·劳里 L. S. Lowry

老普林尼 Pliny the Elder

老同盟 Auld Alliance

勒内·德·劳穆尔 René de Réaumur

雷·斯威特 Ray Sweet

理查德·朗厄姆 Richard Wrangham

理查德·利基 Richard Leakey

利奥·贝克兰 Leo Baekeland

联合锁链桥 Union Chain Bridge

列治文椭圆速滑馆
　　Richmond Olympic Oval

琉善 Lucian

卢布尔雅那沼地车轮
　　Ljubljana Marshes Wheel

路易斯·温瓦格 Louis Wernwag

《露西在缀满钻石的天空中》
　　Lucy in the Sky with Diamonds

伦格特·埃尔堡 Rengert Elburg

罗百氏傍人 Paranthropus robustus

罗宾·克朗普顿 Robin Crompton

罗伯特·赛平斯 Robert Seppings

罗伯特·史蒂芬森 Robert Stephenson

罗伯特·特雷塞尔 Robert Tressell

S

萨恩人 San Bushmen

萨默塞特平原 Somerset Levels

塞雷·厄兹登 Seray Ozden

塞缪尔·本瑟姆 Samuel Bentham

塞缪尔·边沁 Samuel Bentham

塞缪尔·布朗 Samuel Brown

塞缪尔·哈兹丁·沃伦 Miriam Haidle

塞缪尔·佩皮斯 Samuel Pepys

塞浦路斯 Cyprus

《三人同舟》Three Men in a Boat

森林管理委员会
　　Forest Stewardship Council

《森林志》Sylva

《沙岸之谜》The Riddle of the Sands

山姆·考沃德 Sam Coward

社会假说 social hypothesis

《身形相适》On Being the Right Size

圣·潘克拉斯 St Pancras

圣玛丽教堂 St Mary's Church

"胜利号" HMS Victory

石勒苏益格 – 荷尔斯泰因
　　Schleswig–Holstein

《时间机器》The Time Machine

《史前时代》Prehistoric Times

树栖双足假说
　　arboreal bipedalism hypothesis

水晶宫 the Crystal Palace

斯凯利格·迈克尔修道院
　　Skellig Michael Monastery

斯文·约根森 Svend Jørgensen

松树暴乱 Pine Tree Riot

苏珊娜·索普 Susannah Thorpe

梭镖投射器 atlatl

索恩伯勒木阵 Thornborough Henges

T

泰德·莱特 Ted Wright

汤玛斯·齐本德尔 Thomas Chippendale

汤姆林森 G. H. Tomlinson

唐纳德·约翰森 Donald Johnson

特隆赫姆峡湾 Trondheim Fjord

特伦切特石斧 tranchet axes

铁桥 Iron Bridge

铜门街 Coppergate

图根原人 Orrorin tugenensis

图坦卡蒙 Tutankhamen

土利屋 trulli

托马斯·贝尔特 Thomas Belt

托马斯·纽科门 Thomas Newcomen

托马斯·斯隆 Thomas J. Sloan

托马斯·泰尔福特 Thomas Telford

托莫 tomol

W

万神殿 Pantheon

旺加里·马塔伊 Wangari Maathai

威尔德地区 Weald

威尔·莱特 Will Wright

威利·泰格尔 Willy Tegel

威廉·鲁迪曼 William Ruddiman

威廉·配第 William Petty

威廉·斯特拉特 William Strutt

桅杆鱼 mast fish

维克维京中心 Jorvik Viking Centre

维特·斯托斯 Veit Stoss

沃什湾 the Wash

关于作者

　　罗兰·恩诺斯现居英国，是赫尔大学生物科学专业的客座教授。他编写了多本与植物、生物力学和统计学相关的教科书。他所著的科普书《树》（*Trees*）由自然历史博物馆出版，现已发行第二版。